中国珍贵典籍史话丛书

28

《竹书纪年》《营造法式》《乐善堂帖》史话

晁岳佩　王金凤　傅熹年　吴元真　◆著

国家珍贵古籍名录·竹书纪年　营造法式　乐善堂帖

国家圖書館出版社

图书在版编目（CIP）数据

《竹书纪年》《营造法式》《乐善堂帖》史话 / 晁岳佩等著 . —
北京：国家图书馆出版社，2019.7
　　（中国珍贵典籍史话丛书）
　　ISBN 978-7-5013-6773-3

　　Ⅰ . ①竹…　Ⅱ . ①晁…　Ⅲ .《竹书纪年》- 研究②《营造法式》-
研究③《乐善堂帖》- 研究　Ⅳ . ① K204.3 ② TU-092.44 ③ J292.25

　　中国版本图书馆 CIP 数据核字 (2019) 第 099651 号

书　　　名　《竹书纪年》《营造法式》《乐善堂帖》史话
著　　　者　晁岳佩　　王金凤　　傅熹年　　吴元真　著
责任编辑　王燕来

出版发行　国家图书馆出版社（北京市西城区文津街 7 号　　100034）
　　　　　　（原书目文献出版社　北京图书馆出版社）
　　　　　　010-66114536　63802249　nlcpress@nlc.cn（邮购）
网　　　址　http://www.nlcpress.com
印　　　装　北京金康利印刷有限公司
版次印次　2019 年 7 月第 1 版　2019 年 7 月第 1 次印刷
开　　　本　710×1000（毫米）　　1/16
印　　　张　5.25
字　　　数　20 千字
印　　　数　1—3000 册
书　　　号　ISBN 978-7-5013-6773-3
定　　　价　24.00 元

《中国珍贵典籍史话丛书》工作委员会名单

主　任：饶　权

副主任：张志清　汪东波

委　员（按姓氏笔画排列）：

王水乔　王筱雯　韦　江　历　力
孔德超　申晓娟　任　竞　全　勤
刘宇松　刘杰民　刘显世　刘洪辉
次旦普赤　李　彤　李　勇　李　培
李晓秋　何光伦　张景元　陈　超
范月珍　林世田　林旭东　周云岳
郑智明　赵瑞军　贺美华　高文华
陶　涛　常　林　韩　彬　褚树青
魏　崇　魏孔俊

《中国珍贵典籍史话丛书》编纂委员会名单

主　编：饶　权

副主编：张志清　汪东波　申晓娟　陈红彦
林世田

委　员（按姓氏笔画排序）：

王雁行　王嘉陵　史　睿　刘　蔷
刘玉才　孙　彦　朱赛虹　张丽娟
李国庆　李勇慧　沈乃文　陈清慧
邱奉捷　拓晓堂　罗　琳　郑小悠
洪　琰　徐忆农　耿素丽　贾贵荣
梁葆莉

《中国珍贵典籍史话丛书》顾问名单

（按姓氏笔画排序）：

王　尧　　王　素　　王余光　　史金波

白化文　　朱凤瀚　　许逸民　　吴　格

张忱石　　张涌泉　　李孝聪　　李致忠

杨成凯　　陈正宏　　施安昌　　徐　蜀

郭又陵　　傅熹年　　程毅中

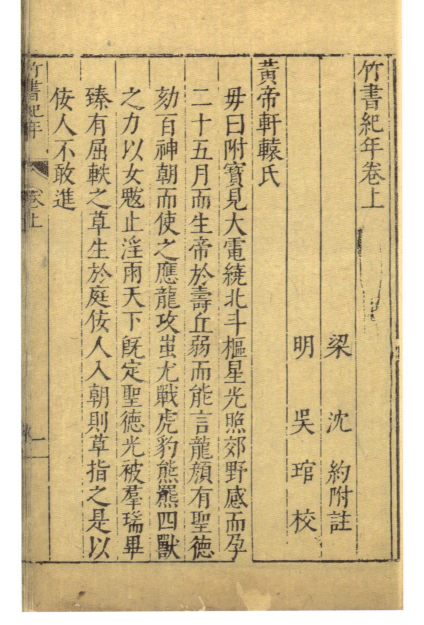

竹書紀年卷上

梁　　沈　約　附註

明　　吳　琯　校

黃帝軒轅氏

母曰附寶見大電繞北斗樞星光照郊野感而孕

二十五月而生帝於壽丘弱而能言龍顏有聖德

劾百神朝而使之應龍攻蚩尤戰虎豹熊羆四獸

之力以女魃止淫雨天下既定聖德光被羣瑞畢

臻有屈軼之草生於庭佞人入朝則草指之是以

佞人不敢進

明万历刻本《竹书纪年》卷上

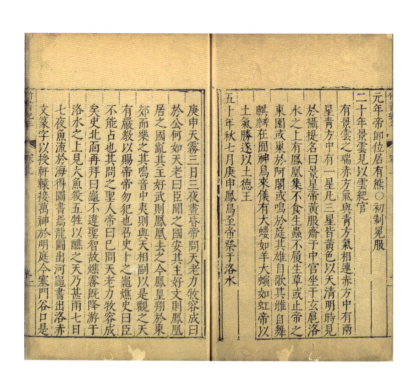

元年帝即位居有熊○初制晃服

二十年景雲見以雲紀官

有景雲之瑞赤方氣與青方氣相連赤方中有兩
星青方中有一星凡三星皆黃色以天清明時見
於攝提名曰景星帝黃服齋于中宮坐于玄扈洛
水之上有鳳凰集不食生蟲不履生草或止帝之
東園或巢於阿閣或鳴於庭其雄自歌其雌自舞
麒麟在囿神鳥來儀有大螻如羊大螆如虹帝以
土氣勝遂以土德王

五十年秋七月庚申鳳鳥至帝祭于洛水

庚申天霧三日三夜晝昏帝問天老力牧容成曰
於公何如天老曰臣聞之國安其主好文則鳳凰
居之國亂其主好武則鳳凰去之今鳳皇翔於東
郊而樂之其鳴音中夷則與天相副以是觀之天
有嚴教以賜帝勿犯也召史卜之龜燋史曰臣
不能占也其問之聖人帝曰已問天老力牧容成
矣史北面再拜曰龜不遺聖故燋霧既降游于
洛水之上見大魚殺五牲以醮之天乃甚雨七日
七夜魚流於海得圖書龍圖出河龜書出洛赤
文篆字以授軒轅接萬神於明庭今塞門谷口是

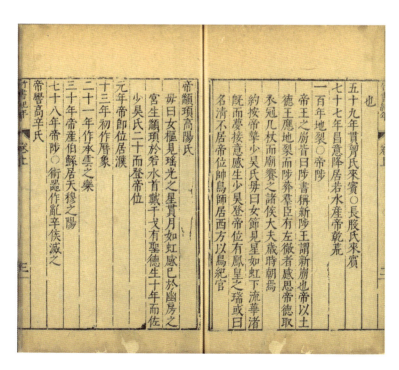

也

五十九年貫胷氏來賓○長股氏來賓

七十七年昌意降居若水產帝乾荒

一百年地裂○帝陟

帝王之崩皆曰陟青柏新陟王謂新崩也帝以土
德王應地裂而陟葬羣臣之諸侯大夫歲時朝焉
承冠几杖而廟饗之
約按帝摯少昊氏母曰女節見星如虹下流華渚
既而夢接意感生少昊登帝位有鳳皇之瑞或曰
名清不居帝位帥鳥師居西方以鳥紀官

帝顓頊高陽氏

母曰女樞見瑤光之星貫月如虹感已於幽房之
宮生顓頊於弱水首戴干戈有聖德生十年而佐
少昊凡二十而登帝位

元年帝即位居濮

十三年初作曆象

二十一年作承雲之樂

三十一年帝產伯鯀居天穆之陽

七十八年帝陟○衡諤作亂辛侯滅之

帝嚳高辛氏

明万历刻本《竹书纪年》卷上

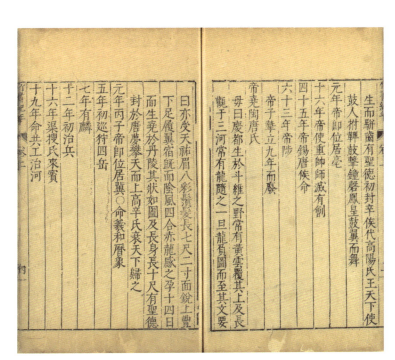

生而駢齒有聖德初封辛侯代高陽氏王天下使
鼓人拊鞞鼓擊鐘磬鳳皇鼓翼而舞
元年帝即位居亳
十六年帝使重帥師滅有鄶
四十五年帝錫唐侯命
六十三年帝陟
帝子摯立九年而廢
帝堯陶唐氏
母曰慶都生於斗維之野常有黃雲覆其上及長
觀于三河常有龍隨之一旦龍負圖而至其文要

日亦受天祐眉八彩鬢髮長七尺二寸面銳上豐
下足履翼宿既而陰風四合赤龍感之孕十四日
而生堯於丹陵其狀如圖及長身長十尺有聖德
封於唐夢攀天而上高辛氏衰天下歸之
元年丙子帝即位居冀○命羲和曆象
五年初巡狩四岳
七年有麟
十二年初治兵
十六年渠搜氏來賓
十九年命共工治河

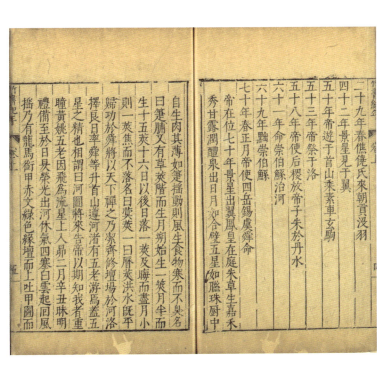

二十九年春僬僥氏來朝貢沒羽
四十二年景星見于翼
五十年帝遊于首山乘素車玄駒
五十三年帝祭于洛
五十八年帝使后稷放帝子朱於丹水
六十一年命崇伯鯀治河
六十九年黜崇伯鯀
七十年春正月帝使四岳錫虞舜命
帝在位七十年帝景星出翼鳳皇在庭朱草生嘉禾
秀甘露潤醴泉出日月如合璧五星如聯珠廚中

自生肉其薄如箑搖勤則風生食物寒而不臭名
曰箑脯又有草莢階而生月朔始生一莢及晦而盡月小
則一莢焦而不落名曰蓂莢洪水既平
歸功於舜將以天下禪之乃潔修壇場於河洛
擇長日率舜等升首山遵河渚有五老游焉蓋五
星之精也相謂曰河圖將來告帝以期知我者重
瞳黃姚五老因飛爲流星上入昴二月辛丑昧明
禮備至於日昃榮光出河休氣四塞白雲起囘風
搖乃有龍馬銜甲赤文綠色臨壇而上吐甲圖而

明万历刻本《竹书纪年》卷上

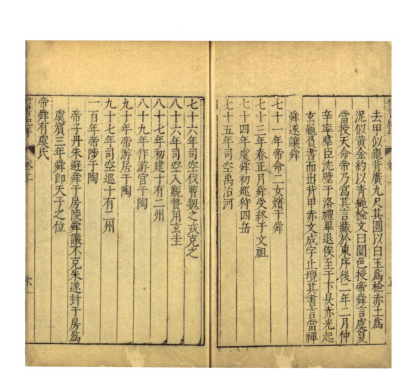

去甲似龜背廣九尺其圖以白玉為檢赤土為
泥似黃金約以青繩檢文曰閶色授帝舜言虞夏
當授舜臣沈壁于洛禮畢退俟至于下昊赤光起
辛龜負書而出背甲赤文成字止壇其書言當禪
玄龜員書而出背甲赤文成字止壇其書言當禪

舜遂讓舜
七十一年帝命二女嬪于舜
七十三年春正月舜受終于文祖
七十四年虞舜初巡狩四岳
七十五年司空禹治河

七十六年司空伐曹魏之戎克之
八十六年司空入覲贊用玄圭
八十七年初建十有二州
八十九年作游宮于陶
九十年帝游居于陶
九十七年司空巡十有二州
一百年帝陟于陶
帝子丹朱避舜于房陵舜讓不克朱遂封于房為
帝舜有虞氏
虞賓三年舜即天子之位

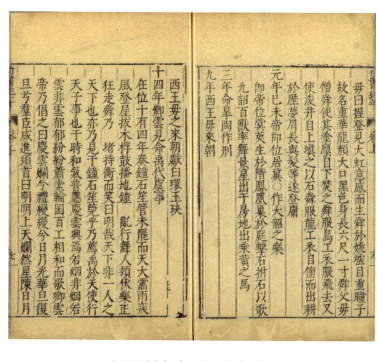

毋曰握登見大虹意感而生舜於姚墟目重瞳子
故名重華龍顏大口黑色身長六尺一寸舜父毋
憎舜使其塗廩目下焚之舜服鳥工衣服飛去又
使浚井自上填之以石舜服龍工衣自傷而出耕
於歷蓂長與髮舜遂登庸
元年己未帝即位居冀 ○ 作大韶之樂
卽帝位賞英生於軒嶺鳳凰巢於庭擊石拊石以歌
九韶百獸率舞景星出于房地出乘黃之馬
三年命皋陶作刑
九年西王母來朝

西王母之來朝獻白環玉玦
十四年卿雲見命禹代虞事
在位十有四年奏鐘石笙管未龍而天大雷雨茨
風登屋拔木椎鼓播地鐘
鈞行舞人頑伏樂正
狂走舜乃 堵持衡而笑曰明哉天下非一人之
天下也亦乃見于鐘石笙筦乎乃鳶禹於天使行
天子事也千時和氣普應慶雲與焉卿雲爛非煙非
雲非雲郁郁紛紛蕭索輪囷百工相和而歌卿雲
帝乃倡之曰慶雲爛今禮縵縵今日月光華旦復
且芳群臣咸進頓首曰明明上天爛然星陳日月

明萬曆刻本《竹書紀年》卷上

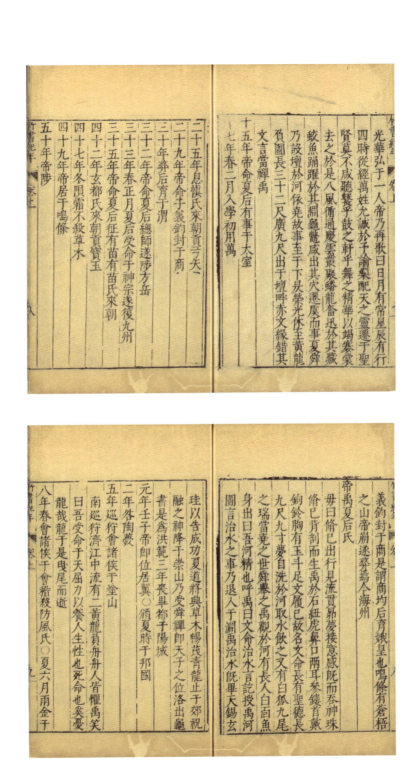

光華弘于一人帝乃再歌曰日月有常星辰有行
四時從經萬姓允誠於帝論樂配天之靈遷于聖
賢莫不咸聽鼕鼕擊鼓之軒乎舞之容蟠龍奮迅以竭其藏
蛟魚踊躍於其淵龜鼈咸出其穴遷虞而事夏舜
乃設壇於河依堯故事至于下昊榮光休至黃龍
負圖壇於河依堯故事長三十二尺廣九尺出于壇畔赤文綠錯其
文言當禪禹

十五年帝命夏后有事于太室
一十七年春二月入學初用萬

二十五年息慎氏來朝貢弓矢
二十九年帝命子義鈞封于商
三十年葬后育于渭
三十二年帝命夏后總師遂陟方岳
三十三年春正月夏后受命于神宗遂復九州
三十五年帝命夏后征有苗有苗氏來朝
四十二年玄都氏來朝貢寶玉
四十七年冬隕霜不殺草木
四十九年帝居于鳴條
五十年帝陟

帝禹夏后氏

義鈞封于商是謂商均也后育娥皇也鳴條有蒼梧
之山帝崩遂葬焉為公海州
母曰脩己出行見流星貫昴夢接意感既而吞神珠
脩己背剖而生禹於石紐虎鼻口兩耳參鏤首戴
鈎鈐胸有玉斗足文履己故名文命長有聖德長
九尺九寸夢自洗於河取水飲之又有白狐九尾
之瑞當堯之世庶舉之禹觀於河有長人白面魚
身出曰吾河精也呼禹曰文命治水言訖授禹河
圖言治水之事乃退入于淵禹治水既畢天錫玄
珪以告成功夏道將興草木暢茂青龍止于郊祝
融之神降于崇山乃受舜禪即天子之位洛出龜
書是為洪範三年喪畢都于陽城
元年壬子帝即位居冀〇頒夏時于邦國
二年咎陶薨
五年巡狩會諸侯于塗山
南巡狩濟江中流有二黃龍負舟人皆懼禹笑
曰吾受命于天屈力以養人生性也死命也奚憂
龍哉龍于是曳尾而逝
八年春會諸侯于會稽殺防風氏〇夏六月雨金于

明万历刻本《竹书纪年》卷上

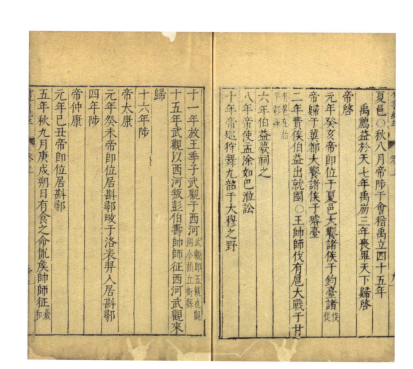

夏邑〇秋八月帝陟于會稽禹立四十五年
禹薦益於天七年禹崩三年喪畢天下歸啟
帝啟
元年癸亥帝即位于夏邑大饗諸侯于鈞臺諸
帝歸于蒦都大饗諸侯于璿臺
二年費侯伯益出就國〇王帥師伐有扈大戰于甘
六年伯益薨祠之
八年帝使孟涂如巴涖訟
十年帝廵狩舞九韶于大穆之野

十一年放王季子武觀于西河
十五年武觀以西河叛彭伯壽帥師征西河武觀來
歸
十六年陟
帝太康
元年癸未帝即位居斟鄩敗于洛表昇入居斟鄩
四年陟
帝仲康
元年己丑帝即位居斟鄩
五年秋九月庚戌朔日有食之命胤侯帥師征

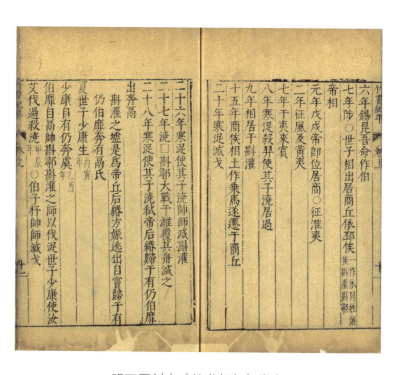

帝相
六年錫昆吾命作伯
七年陟〇世子相出居商丘依邳侯
元年戊戌帝即位居商〇征淮夷
二年征風及黃夷
七年于夷來賓
八年寒浞殺羿使其子澆居過
九年相居于斟灌
十五年商侯相土作乘馬遷于商丘
二十年寒浞滅戈

二十六年寒浞使其子澆帥師滅斟灌
二十七年澆□斟鄩大戰于濰覆其舟滅之
二十八年寒浞使其子澆弒帝后緡歸于有仍伯靡
出奔鬲
斟灌之墟是為帝丘后緡方娠逃出自竇歸于有
仍伯靡自鬲帥斟鄩斟灌之師以伐浞世子少康使汝
艾伐過殺澆
伯子杼帥師滅戈

明万历刻本《竹书纪年》卷上

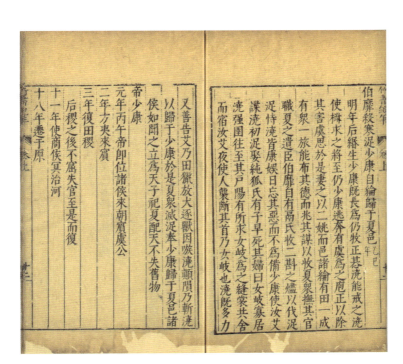

（上半葉右頁）

伯靡殺寒浞立少康自綸歸于夏邑　乙巳
明年后緡生少康既長爲仍牧正恩澆能戒之澆
使椒求之將至仍少康逃奔有虞爲之庖正以除
其害虞思於是妻之以二姚而邑諸綸有田一成
有眾一旅能布其德而兆其謀以收夏眾撫其官
職夏之遺臣伯靡自有鬲氏牧二斟之燼以復禹
泯特浞肯康娛日忘其惡而不爲備少康使汝艾
謀浞初泯娶純狐氏有子早死其婦曰女岐孀居
浞強圉往至其戶使人襲斷其首乃女岐也浞既多力
而宿次艾夜使人襲斷其首乃女岐也浞既多力

（上半葉左頁）

又善告艾乃田獵放大逐獸因唉澆顛隕乃斬澆
以歸于少康於是夏眾滅浞奉少康歸于夏邑諸
侯如聞之立爲天子祀夏配天不失舊物
帝少康
元年丙午帝即位諸侯來朝賓虞公
二年方夷來賓
三年復田稷
后稷之後不窋失官至是而復
十一年使商侯冥治河
十八年遷于原

（下半葉右頁）

帝杼
元年己巳帝即位居原
五年自原遷于老丘
八年征于東海及三壽得一狐九尾
十三年商侯冥死于河
十七年陟
杼或作帝宇一曰伯杼杼能帥禹者也故夏后氏
報焉

二十一年陟

（下半葉左頁）

帝芬
元年戊子帝即位
三年九夷來御
十六年洛伯用與河伯馮夷鬥
二十三年封昆吾氏子于有蘇
三十六年作圜土
四十四年陟
芬或曰芬發

帝芒
元年壬申帝即位以玄珪賓于河
十三年冬狩于海獲大魚

明万历刻本《竹书纪年》卷上

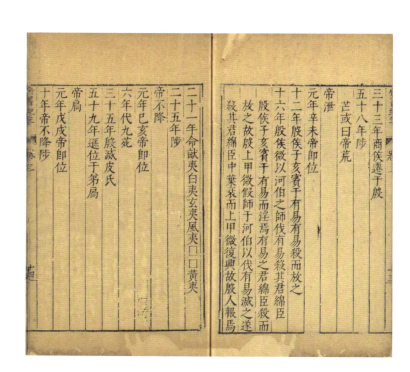

三十三年商侯遷于殷

五十八年陟

帝泄

芒或曰帝荒

元年辛未帝即位

十二年殷侯子亥賓于有易有易殺而放之

十六年殷侯子亥賓于河伯之師伐有易殺其君綿臣

殷侯子亥賓于有易淫焉有易之君綿臣殺而放之故殷侯子微假師于河伯以伐有易滅之遂殺其君綿臣中葉衰而上甲微復興故殷人報焉

二十一年命獻夷白夷玄夷風夷□□黃夷

二十五年陟

帝不降

元年己亥帝即位

六年代九苑

三十五年殷滅皮氏

五十九年遜位于弟扃

帝扃

元年戊戌帝即位

十年帝不降陟

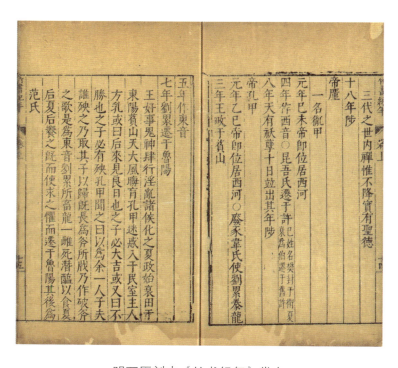

三代之世内禪惟不降實有聖德

十八年陟

帝廑

一名胤甲

元年己未帝即位居西河

四年作西音○昆吾氏遷于許

八年天有祅孽十日並出其年陟

帝孔甲

元年乙巳帝即位居西河○廢豕韋氏使劉累豢龍

三年王畋于萯山

五年作東音

七年劉累遷于魯陽

王好事鬼神行淫亂諸侯化之夏政始衰田于

東陽萯山天大風晦育孔甲迷惑入于民室主人

方乳或曰后乃見良日也之子必大吉或又曰不

勝也之乃取其子以歸既長為斧所害龍死

誰殀之乃為其子以歸既長為斧所害潛醢以食夏

之歌是為東音劉累所畜龍一雌死潛醢以食夏

后夏后饗之既而使求之懼而遷于魯陽其後為

范氏

明万历刻本《竹书纪年》卷上

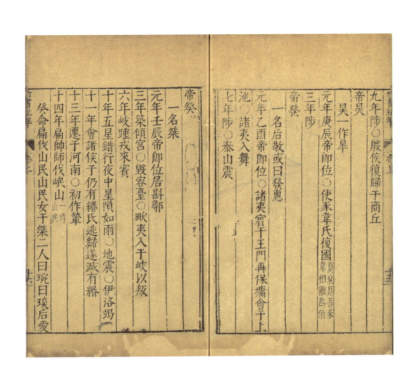

帝昊
九年陟○殷侯復歸于商丘

帝昊
吳一作旱
元年庚辰帝即位○使家韋氏復國
三年陟
元年乙酉帝即位○諸夷入于王門再保庸會于上

帝發
一名后敬或曰發惠
元年乙酉帝即位○諸夷入舞
七年陟○泰山震

帝癸
一名桀
元年壬辰帝即位居斟鄩
三年築傾宮○毀容臺○畎夷入于岐以叛
六年岐踵戎來賓
十年五星錯行夜中星隕如雨○地震○伊洛竭
十一年會諸侯于仍有緡氏逃歸遂滅有緡
十三年遷于河南○初作輦山一作民
十四年扁帥師伐山民山民女于桀二人曰琬曰琰后愛
癸命扁伐山民山民女于桀二人曰琬曰琰后愛

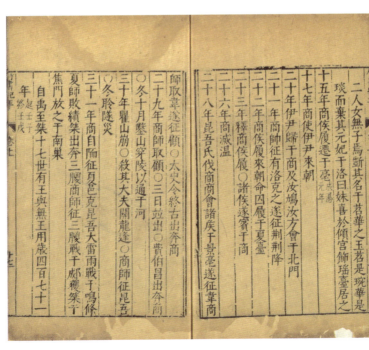

二人女無子焉斷其名于苕華之玉苕是琬華是
琰而棄其元妃于洛曰妹喜於傾宮飾瑤臺居之
十五年商侯履遷于亳
十七年商使伊尹來朝
二十年伊尹歸于商及汝鳩汝方會于北門
二十一年商師征有洛克之遂征荊降
二十二年商侯履來朝命囚履于夏臺
二十三年釋商侯履○諸侯遂賓于商
二十六年商滅溫
二十八年昆吾氏伐商商會諸侯于景亳遂征韋商

師取韋遂征顧○太史令終古出奔商
二十九年商師取顧○三日並出○費伯昌出奔商
三十年瞿山崩○殺其大夫關龍逢○商師征昆吾
冬十月鑿山穿陵以通于河
三十一年商自陑征夏邑克昆吾大雷雨戰于鳴條○
夏師敗績桀出奔三朡商師征三朡戰于郕俘
焦門放之于南巢
自禹至桀十七世有王與無王用歲四百七十一
年終于戌
年起壬子終壬戌

明万历刻本《竹书纪年》卷上

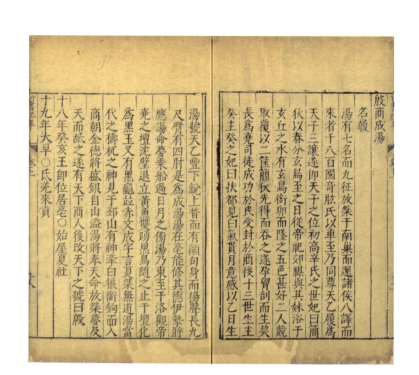

殷商成湯

名履

湯有七名而九征放桀于南巢而遷諸侯八譯而
來者千八百國奇肱氏以車至乃同尊天乙履為
天子三讓遂即天子之位初高辛氏之世妃曰簡
狄以春分玄鳥至之日從帝祀郊禖與其妹浴于
玄丘之水有玄鳥銜卵而墮之五色甚好二人競
取覆以一筐簡狄先得而吞之遂孕胸剖而生契
長為堯司徒成功於民受封於商後十三世生主
癸主癸之妃曰扶都見白氣貫月意感以乙日生

湯號天乙豐下銳上晳而有頾句身而揚聲長九
尺臂有四肘是為成湯湯在亳修其德伊摯將
應湯命夢乘船過日月之傍湯乃東至于洛觀帝
堯之壇沈璧退立黃魚雙躍黑鳥隨之止于壇化
為黑玉又有黑龜並赤文成字言夏桀無道湯當
代之橋柁之神見于邳山有神牽白狼銜鉤而入
商朝金德將盛銀自山溢湯將奉天命放桀夏及
天而瓴之遂有天下商人後改天下之號曰殷
十八年癸亥王即位居亳○始屋夏社
十九年大旱○氐羌來賓

二十年大旱○夏桀卒于亭山禁弦歌舞
二十一年大旱○鑄金幣
二十二年大旱
二十三年大旱
二十四年大旱王禱于桑林雨
二十五年作大濩樂○初巡狩定犧令
二十七年遷九鼎于商邑
二十九年陟

外丙
名勝

小庚　作太庚
名辨
元年乙亥即位居亳命卿士伊尹

小甲
名高
元年壬子王即位居亳
五年陟

元年丁巳王即位居亳
十七年陟

雍己

明万历刻本《竹书纪年》卷上

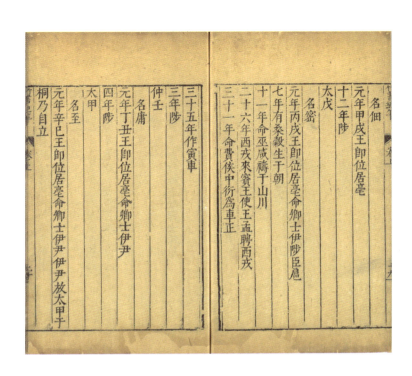

元年甲戌王即位居亳
名佃
十二年陟
太戊
名密
元年丙戌王即位居亳命卿士伊陟臣扈
七年有桑穀生于朝
十一年命巫咸禱于山川
二十六年西戎來賓王使王孟聘西戎
三十一年命費侯中衍為車正

三十五年作寅車
仲壬
三年陟
名庸
元年丁丑王即位居亳命卿士伊
四年陟
太甲
名至
元年辛巳王即位居亳命卿士伊尹伊尹放太甲于
桐乃自立

約按伊尹自立蓋誤以攝政為真爾
七年王潛出自桐殺伊尹天大霧三日乃立其子伊
陟伊奮命復其父之田宅而中分之
約按此文與前後不類蓋後世所益
十年大饗于大廟○初祀方明
十二年陟
沃丁
名絢
元年癸巳王即位居亳命卿士咎單
八年祠保衡

十九年陟
四十六年大有年
五十八年城蒲姑
六十一年東九夷來賓
七十五年陟
大戊遇祥桑側身脩行三年之後遠方慕明德重
譯而至者七十六國商道復興廟為中宗 太宗
仲丁
名莊
元年辛丑王即位自亳遷于囂于河上

明万历刻本《竹书纪年》卷上

右页（上）

六年征藍夷

九年陟

外壬

名發

元年庚戌王即位居囂○邳人妘人叛

十年陟

河亶甲

名整

元年庚申王即位自囂遷于相

三年彭伯克邳

左页（上）

四年征藍夷

五年侁人入于班方彭伯韋伯伐班方侁人來賓

九年陟

祖乙

名滕

元年己巳王即位自相遷于耿命彭伯韋伯

二年圮于耿自耿遷于庇

三年命卿士巫賢

八年城庇

十五年命邠侯高圉

右页（下）

十九年陟

祖乙之世商道復興廟為中宗〔史記亶無遷皆誤之〕

祖辛

名旦

元年戊子王即位居庇

十四年陟

開甲〔史記作沃甲太甲〕

名踰

元年壬寅王即位居庇

五年陟

左页（下）

祖丁

名新

元年丁未王即位居

九年陟

南庚

名更

元年丙辰王即位居庇

三年遷于奄

六年陟

陽甲一名和甲

明萬曆刻本《竹書紀年》卷上

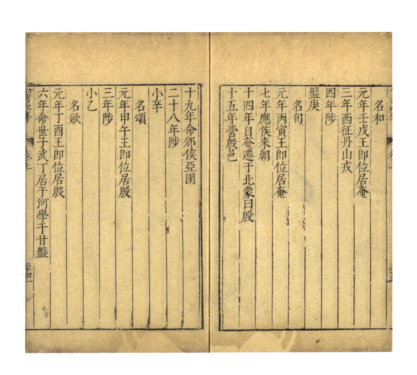

名和
元年壬戌王即位居奄
三年西征丹山戎
四年陟

盤庚
名句
元年丙寅王即位居奄
七年應侯來朝
十四年自奄遷于北蒙曰殷
十五年營殷邑

十九年命邠侯亞圉
二十八年陟

小辛
名頌
元年甲午王即位居殷
三年陟

小乙
名歛
元年丁酉王即位居殷
六年命世子武丁居于河學于甘盤

武丁
名昭
元年丁未王即位居殷命卿士甘盤
三年夢求傅說得之
六年命卿士傅說視學養老
十二年報祀上甲微
二十五年王子孝己卒于野
二十九年彤祭太廟有雉來
三十二年伐鬼方次于荊

三十四年王師克鬼方氐羌來賓
四十三年王師滅大彭
五十年征豕韋克之
五十九年陟

祖庚
名曜
復起廟號高宗
王殷之大仁也力行王道不敢荒寧嘉殷邦至
于大小無時或怨是時興地東不過江黃西不過
氐羌南不過荊蠻北不過朔方而頌聲作禮廢而

明万历刻本《竹书纪年》卷上

明万历刻本《竹书纪年》卷上

元年丙午王即位居殷作高宗之訓
十一年陟
祖甲帝甲作
名載
元年丁巳王即位居殷
十二年征西戎○冬王返自西戎得一丹山
十三年西戎來賓命邠侯組紺
二十四年重作湯刑
二十七年命王子囂王子良
三十三年陟

王舊在野及即位知小人之依能保惠庶民不侮
鰥寡迫其未也繁刑以攜遠殷道復衰
元年庚寅王即位居殷
四年陟
庚丁
名囂
元年甲午帝即位居殷

八年陟
武乙
名瞿
元年壬寅王即位居殷邠遷于岐周
三年自殷遷于河北○命周公亶父賜以岐邑
十五年自河北遷于沫
二十一年周公亶父薨
二十四年周師伐程戰于畢克之
三十年周師伐義渠乃獲其君以歸
三十四年周王季歷來朝王賜地三十里玉十殼馬

十四
三十五年周公季歷伐西落鬼戎○王畋于河渭大
雷震死
文丁
名托
元年丁丑王即位居殷
二年周公季歷伐燕京之戎敗績
三年洹水一日三絕
四年周公季歷伐余無之戎克之命為牧師
五年周作程邑

明万历刻本《竹书纪年》卷上

七年周公季歷伐始呼之戎克之

十一年周公季歷伐翳徒之戎獲其三大夫來獻捷

王殺季歷

王嘉季歷之功錫之圭瓚秬鬯九命為伯既而執

諸塞庫季歷囚而死因謂文丁殺季歷

十二年

十三年陟

帝乙　名羨

有鳳集於岐山

元年庚寅王即位居殷

三年王命南仲西拘昆夷城朔方○夏六月周地震

九年陟

帝辛　名受

元年己亥王即位居殿命九侯周侯邘侯

三年有雀生鸇

四年大蒐于黎○作炮烙之刑

五年夏築南單之臺○雨土于亳

六年西伯初禴于畢

九年王師伐有蘇獲妲巳以歸○作瓊室立玉門

十年夏六月王畋于西郊

二十一年春正月諸侯朝周○王遊於淇

伯夷叔齊自孤竹歸

于周

二十二年冬大蒐于渭

二十三年囚西伯于羑里

二十九年釋西伯諸侯逆西伯歸于程

三十年春三月西伯率諸侯入貢

三十一年西伯治兵于畢得呂尚以為師

三十二年五星聚于房○有赤烏集于周社

侯阮西伯帥師伐崇

三十三年密人降于周師遂遷于程○王錫命西伯

得專征伐

自此年始

約按文王受命九年大統未集蓋得專征伐受命

三十四年周師取耆及邘遂伐崇崇人降○冬十二

月昆夷侵周

三十五年周大饑西伯自程遷于豐

三十六年春正月諸侯朝于周遂伐昆夷○西伯使

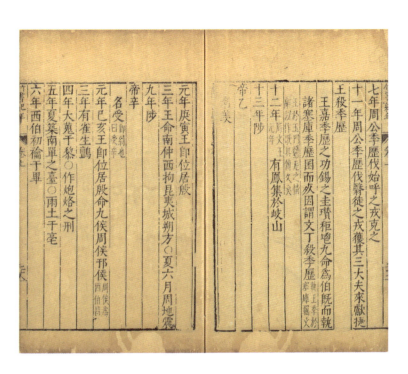

明万历刻本《竹书纪年》卷上

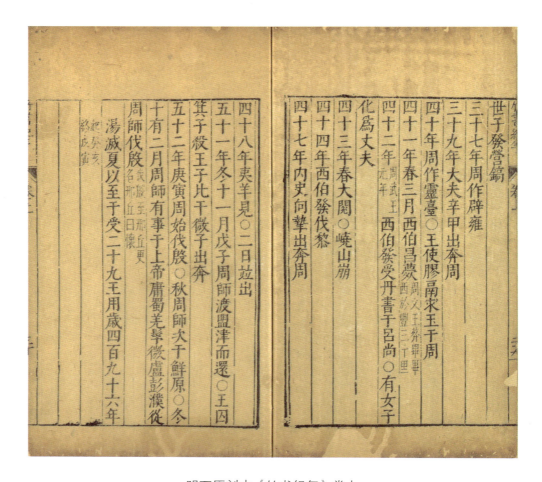

世子發營鎬

三十七年周作辟雍

三十九年大夫辛甲出奔周

四十年周作靈臺○王使膠鬲索玉于周

四十一年春三月西伯昌薨周文王称曰西方王赫罪甲

四十二年周武王元年西伯發受丹書于呂尚○有女子

化為丈夫

四十三年春大蒐○嶢山崩

四十四年西伯發伐黎

四十七年內史向摯出奔周

四十八年夷羊見○二日竝出

五十一年冬十一月戊子周師渡盟津而還○王四

箕子殺王子比干微子出奔

五十二年庚寅周始伐殷○秋周師次于鮮原○冬

十有二月周師有事于上帝庸蜀羌髳微盧彭濮從

周師伐殷

湯滅夏以至于受二十九王用歲四百九十六年

明万历刻本《竹书纪年》卷上

梁　沈　約附注

明　吳　琯校

周武王

名發初高辛氏之世妃曰姜嫄助祭郊禖見大人

迹履之當時歆如有人道感已遂有身而生男以

為不祥棄之阨巷牛羊避而不踐又送之山林之

中會伐林者又取而置寒氷上大鳥以一翼籍覆

之姜嫄以為異乃收養焉名之曰棄枝顧有異相

長為堯稷官有功於民后稷之孫曰公劉有德諸

清初影宋抄本《營造法式》目錄

清初影宋抄本《营造法式》目录

清初影宋抄本《營造法式》目錄

清初影宋抄本《营造法式》目录

清初影宋抄本《營造法式》目錄

清初影宋抄本《營造法式》目錄

清初影宋抄本《營造法式》目錄

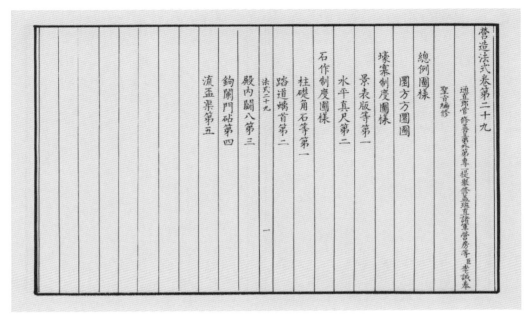

通直郎管修蓋皇弟外第專一提舉修蓋班直諸軍營房等臣李誡奉

聖旨編修

一

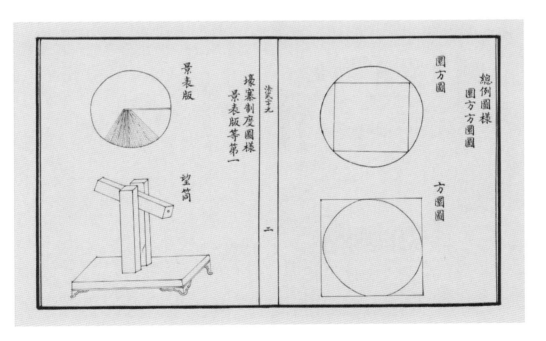

總例圖樣
圜方方圜圖

圜方圖　　方圜圖

壕寨制度圖樣
景表版等第一

法式二十九

景表版　望筒

二

清初影宋抄本《營造法式》卷二十九

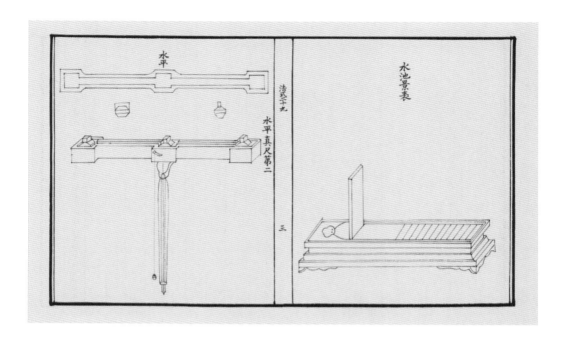

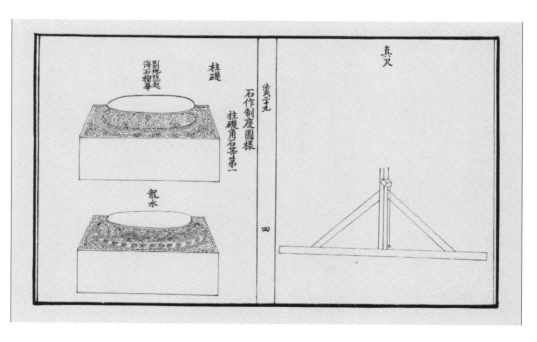

清初影宋抄本《营造法式》卷二十九

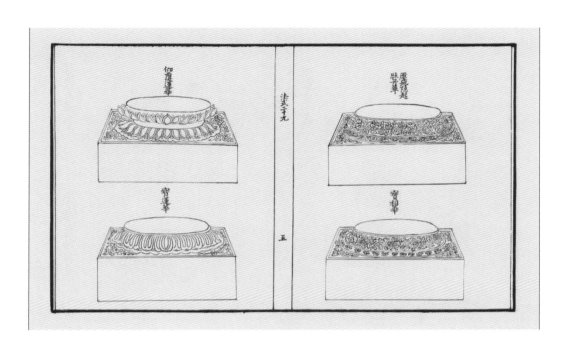

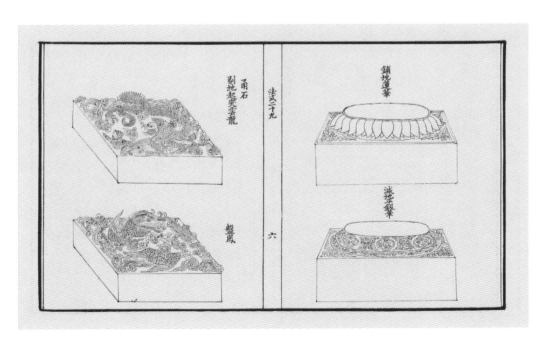

清初影宋抄本《营造法式》卷二十九

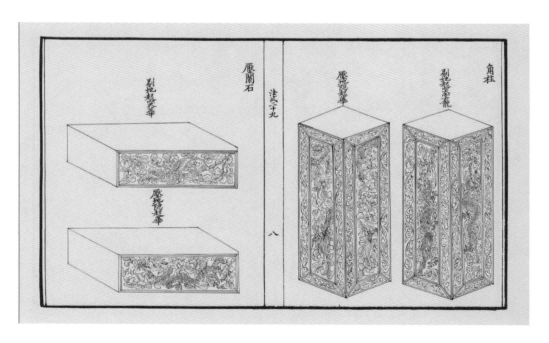

清初影宋抄本《营造法式》卷二十九

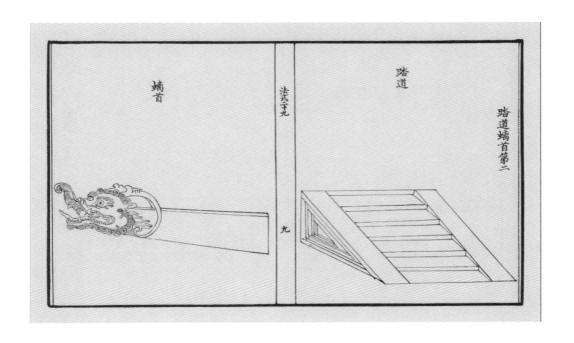

踏道螭首第二

踏道

螭首

法式二十九

九

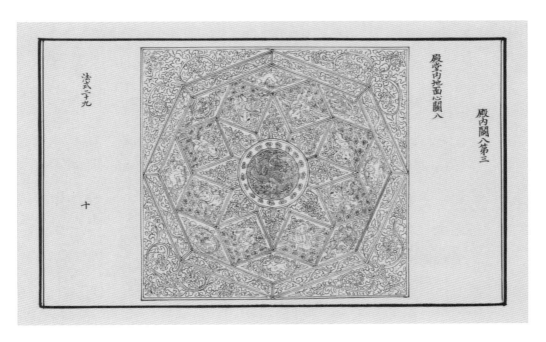

殿堂內地面心鬭八

殿內鬭八第三

法式二十九

十

清初影宋抄本《營造法式》卷二十九

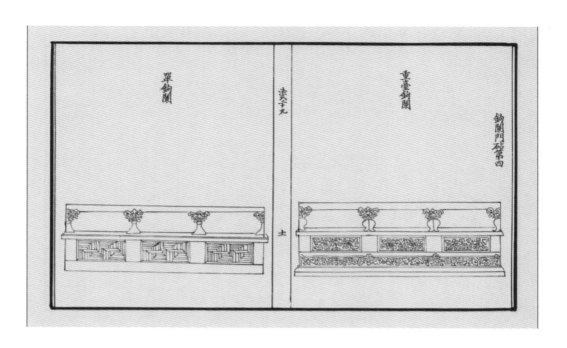

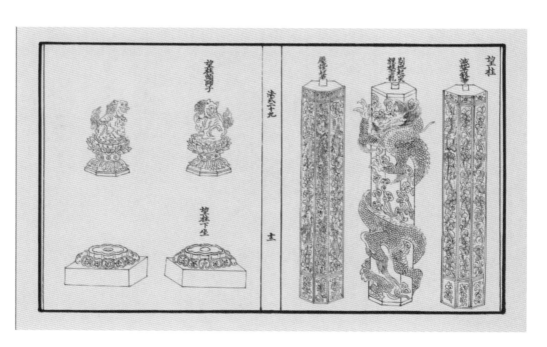

清初影宋抄本《营造法式》卷二十九

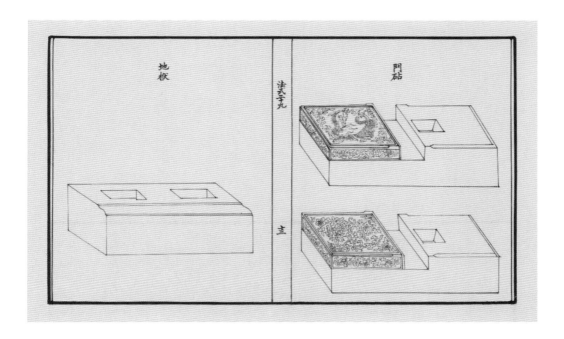

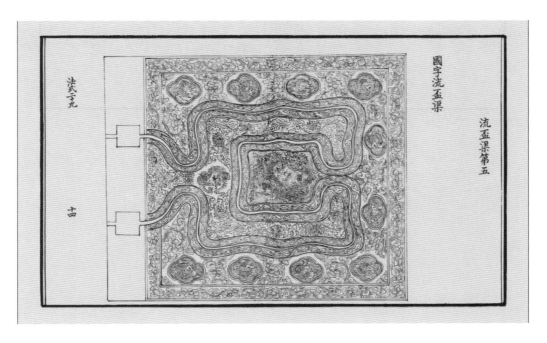

清初影宋抄本《营造法式》卷二十九

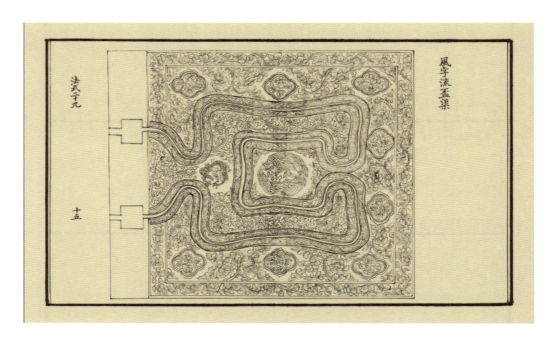

清初影宋抄本《营造法式》卷二十九

赵孟頫自画像

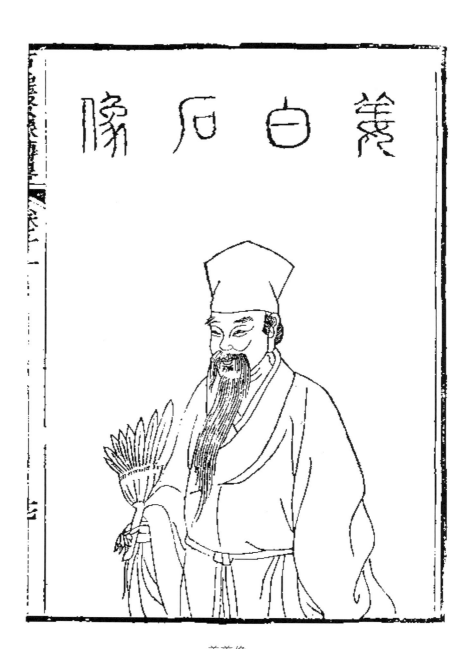

姜夔像

赵孟頫书《太上玄元道德经》

赵孟頫书《乐善堂帖》

《中国珍贵典籍史话丛书》序

　　书籍是记载人类文明发展历程的重要载体，是传播知识和保存文化的重要途径，它蕴藏着丰富的历史文化内涵，是人们汲取精神营养和历史经验的重要来源，在民族兴衰和文化精神的传承维系中，发挥着不可替代的作用。

　　《尚书·多士》云："惟殷先人，有册有典。"在中华民族数千年的岁月里，人们创造出浩如烟海的典籍文献。这些典籍是中华文明的结晶，是民族生存的基石和前进的阶梯。作为人类发展史上最有价值的文化遗产之一，中国古代典籍是构成世界上唯一绵延数千年未曾中断的独特文化体系的主要成分。

　　然而，在漫长又剧烈变动的历史中，经过无数次的兵燹水火、虫啮鼠咬、焚籍毁版、千里播迁，留存于世间的典籍已百不遗一。幸运的是，我们这个民族具有一种卓尔不群的品质：即对于文化以及承载它的典籍的铭心之爱。在战乱颠沛的路途上，异族入侵的烽火里，政治高压的禁令下，史无前例的浩劫中……无数的有识之士，竭尽他们的财力、智慧乃至生命，使我们民族的珍贵典籍得以代代相传，传承至今。这些凝聚着前人心血的民族瑰宝，大都具有深远的学术影响、独特的艺术魅力和突出的文物价值，是今天人们了解和学习我国优秀传统文化的宝贵实物资料。它们记载着中华民族的辉煌历史和灿烂文化，诉说着中华民族的百折不挠、临危不惧的民族精神，是先辈留给我们的宝贵精神财富。

新中国成立以来，党和国家高度重视典籍文献的保护工作。2007 年启动实施的"中华古籍保护计划"，由国家古籍保护中心（国家图书馆）负责实施，成效显著，在社会上产生了极大的反响。迄今为止，已由国务院陆续公布了四批《国家珍贵古籍名录》，收录了全国各类型藏书机构和个人收藏的珍贵古籍 11375 部，并拨付专项资金加以保护。可以说，这是一项前所未有的伟大事业。

尽管我国存世的各种典籍堪称汗牛充栋，但为典籍写史的著作却少之又少，许多典籍所蕴含的历史故事鲜为人知。如果不能及时加以记录、整理，随着时代的变迁，它们难免将逐渐湮没在历史长河中，成为中华文明传承中的一大憾事。为此，2012 年年底，国家图书馆启动了"中国珍贵典籍史话丛书"项目，旨在"为书立史""为书修史""为书存史"。项目由"中华古籍保护计划"支持立项，采取"史话"的形式，选择《国家珍贵古籍名录》中收录的蕴含着丰富历史故事的珍贵典籍，用通俗的语言讲述其在编纂、钞刻、流传、收藏过程中产生的引人入胜、启迪后人的故事，揭示其与当时的政治、经济、文化和社会发展的密切关系，力图反映中国书籍历史的辉煌与灾厄、欢欣与痛楚。通过生动、多样、丰满的典籍历史画面，使人们更深入地了解和认识典籍，领略典籍的人文精神和艺术魅力，感受中华文化的深厚底蕴。

中华优秀传统文化是我们最深厚的文化软实力。"中国珍贵典籍史话丛书"是以人们喜闻乐见的方式弘扬中华民族博大精深的灿烂文化，使书写在古籍里的文字活起来的一次有益尝试。丛书力求为社会公众提供普及

读物，为广大文史爱好者和从业人员提供学习资料，为专家学者提供研究
参考。其编纂主要遵循两个原则：一是遵循客观，切近史实。本丛书是关
于典籍的信史、正史，而非戏说、演义。因此，每一种史话都是作者钩沉
索隐、多方考证的结果，力求言之有据，资料准确，史实确凿，观点审慎；
二是通俗生动，图文并茂。本丛书旨在让更多的人了解和热爱中华典籍，
通过典籍深入理解中华文化。相对于一般学术著作，它更强调通俗性和生
动性，以史话的方式再现典籍历史，雅俗共赏，少长咸宜。

　　我们真切地希望，通过这套丛书，生动再现典籍的历史，使珍贵典籍
从深闺中走出来，进入公众的视野，走进每位爱书人心中，教育和启迪世
人，推动"关爱书籍，热爱阅读"的社会风气的形成，让承载着中华文明
的典籍在每个人心中长留悠远的书香，为提升全民族文化素养、推动传统
文化与时代精神的融合发展做出积极贡献。

　　"中国珍贵典籍史话丛书"项目自启动以来，得到了社会各界的广泛
关注和专家学者的大力支持。一批有较高学术造诣的专家学者直接参与了
丛书的策划和撰稿工作，并对丛书的编纂工作积极建言献策，给予指导。
借此机会，深表感谢。以史话的形式为书写史，尚属尝试，难免有疏漏、
不妥之处，敬请专家学者批评指正，也欢迎广大读者提出宝贵意见和建议。

韩永进

2014 年春于北京

目 录

《竹书纪年》史话

晁岳佩　王金凤

晋武帝太康年间（280—289），汲郡（今河南省卫辉市西南）人不准盗掘的一座战国时期魏国古墓内，发现了大批竹简，有数十车之多，竹简上所刻古书有十万余字。这批竹简被官府收缴，由荀勖、和峤等学者初次整理，又经过束晳二次考正，最终整理出包括《公孙段》《名》《师春》《琐语》《穆天子传》《周穆王美人盛姬死事》等多部早已失传的古书，另有"七篇简书折坏，不识名题"①。因为是用竹简书写，所以这批书均称为《竹书》，又因它们出自汲郡古墓，所以又称之为《汲冢书》。这批书中包括一部战国时期魏国的史书，有十三篇。由于这部魏国史书按年编次记载史事，因此又被称为《汲冢纪年》。北魏郦道元在为《水经》作注的时候引用此书相关资料，最早将"竹书"与"纪年"连起来而称为《竹书纪年》。这就是《竹书纪年》或称《汲冢纪年》的来历。

关于《竹书纪年》的出土时间，据传世文献记载有四种说法。第一种说法是出土于咸宁五年（279）十月，出自《晋书·武帝纪》：咸宁五年"冬十月戊寅，匈奴余渠都督独雍等帅部落归化。汲郡人不准掘魏襄王冢，

① （唐）房玄龄等撰：《晋书·束晳传》，中华书局，1974年，第1433页。

得竹简小篆古书十余万言，藏于秘府"。第二种说法是太康元年（280），
此说最早见于杜预的《春秋经传集解·后序》："太康元年三月，吴寇始平，
余自江陵还襄阳，解甲休兵，乃申抒旧意，修成《春秋释例》及《经传集
解》。始迄，会汲郡汲县有发其界内旧冢者，大得古书，皆简编科斗文字。
发冢者不以为意，往往散乱。科斗书久废，推寻不能尽通。"第三种说法
是太康二年（281），见于荀勖为《穆天子传》写的序："古文《穆天子传》
者，太康二年，汲县不准盗发古冢所得书也。皆竹简素丝编，以臣勖前所
考定古尺，度其简，长二尺四寸，以墨书，一简四十字。始者藏在秘府，
余晚得见之。所记大凡七十五卷，多杂碎怪妄，不可训知。"第四种说法
是太康八年（287），这种说法出自《尚书正义·咸有一德》："《纪年》
之书，晋太康八年汲郡民发魏安僖王冢得之。"这四种说法各有依据，难
以定论，而我们又缺少更多的可靠资料进行考证。清代学者雷学淇提出一
种说法，或许可以借鉴。他在《竹书纪年考证》中认为："诸书所纪，或
取盗掘之岁，或指收书之年，或言校理之秋也。"朱清渊先生的观点与雷
学淇相似，即"情况很可能是太康元年不准盗掘了汲冢，而汲冢书上缴官
府则是在太康二年"①。

　　《竹书纪年》的出土源于盗墓贼的挖掘。盗墓贼不准的目标是珍宝，
自然不会保护在他看来一文不值的竹简，甚至点燃竹简用以照明，所以竹
简有散佚甚至损坏是可以想见的。《竹书纪年》的记事下限是魏襄王二十
年（前299），这大致也就是墓葬形成的时间。不准盗墓时间距离墓葬形
成时间已有580年。竹简在墓中经历了这么长时间，有些朽坏腐烂也是正

---

　　① 朱清渊：《再现的文明：中国出土文献与传统学术》，华东师范大学出版社，
2001年，第30页。

常的。西汉时期的许多学者对先秦古文已经难以正确释读，晋时负责整理这批文献的荀勖、和峤以及束皙等学者更未必能够通晓古文。《竹书纪年》中有些记载明显不符合当时久已占据统治地位的儒家观念，大概也并不被重视，整理者也就未必十分认真。在上述背景下，《竹书纪年》在问世之初，可能就存在着一些错误和缺漏，这是出土文献很难避免的。

《竹书纪年》在体例上与鲁史《春秋》相近，都是历史提纲式的大事记。由于其出土之时就残缺不全，本身可读性又差，可能还存在一些错误，它与《春秋》同样是史书的身份，但它有些记载既违背儒家观念又与《史记》等典籍不符。据《晋书·荀勖传》记载，汲冢书被重新编排整理以后同其他国家藏书一样被保存在秘书省，杜预《春秋经传集解·后序》中也提到汲冢书最初藏在秘府。同时，这也限制了它的流传。虽然《隋书·经籍志》《新唐书·艺文志》等文献对《竹书纪年》都有著录，《水经注》等许多文献也有征引，但是专门的研究似乎极少，可能流传也不广。至宋代，北宋的国家藏书目录《崇文总目》和南宋两大著名私人藏书目录晁公武《郡斋读书志》和陈振孙《直斋书录解题》都已经没有记载，可知《竹书纪年》至宋代传本已经非常稀少。

明代人范钦以高官致仕，回到家乡宁波修建著名的天一阁藏书楼，收藏大量珍贵典籍。范钦以"奇书"之名刻印《竹书纪年》，成为明清以来流传最广的版本。天一阁本《竹书纪年》，记事起自黄帝，春秋战国时期仍用周王纪年，正文下有梁代沈约注，又有不知出自何人的双行小字注文。清代人研究《竹书纪年》多以此本为依据。

根据杜预《春秋经传集解·后序》和《晋书·束皙传》等记载，可知《竹书纪年》原本记事起自夏禹，平王东迁之后以晋国纪年，三家分晋之后以魏国纪年，且文献中没有沈约为《竹书纪年》做注的记载，因此《四库全书总目提要》认定通行本非西晋之"汲冢原书""其伪则终不可掩也"，并搜集到部分不见于当时通行本《竹书纪年》的佚文证明此说。嘉庆道光年间学者朱右曾从晋以后至北宋以前的各种文献中，广泛搜集征引《竹书纪年》的文字，经过考校编排，著成《汲冢纪年存真》。朱右曾既然以存真为名，自然是以天一阁本为伪书。清末著名学者王国维在朱右曾的基础上，搜集到更多北宋以前文献征引《竹书纪年》的文字，并进行认真考订而著成《古本竹书纪年辑校》，正式形成有别于通行本的《竹书纪年》古本。既然明确以"古本"自称，自然认定它就是《竹书纪年》原貌。同时，王国维还著成《今本竹书纪年疏证》，力求全面揭示"今本"作伪的证据。从此，天一阁本《竹书纪年》被称为"今本"。《四库全书总目提要》可以说是官方定论，王国维又是学界公认的泰斗级学者。至此，"今本"是伪书似乎已成为不易之论。清人姚振宗甚至推断"今本"的作者是明代嘉靖年间天一阁的主人范钦。

　　清代学者对《竹书纪年》的研究，既有人对"古本"不断完善，也有人力挺"今本"。梁启超将其分为四派："一、并汲冢原书亦指为晋人伪撰者，钱大昕、王鸣盛等。二、并今本亦信为真者，徐文靖等。三、以古本为真、今本为伪者，郝懿行、章学诚、朱右曾、王国维等。四、虽不认今本为真，然认为全部皆从古本辑出者，洪颐煊、陈逢衡、林春溥。"①

　　中华人民共和国成立后，范祥雍对王国维的《古本竹书纪年辑校》中的误字阙文进行订补完善，著成《古本竹书纪年辑校订补》，于1957年9月出版。目前，辑佚本《竹书纪年》最为完善者是方诗铭、王修龄著的《古

---

① 梁启超：《中国近三百年学术史》，团结出版社，2006年，第269页。

本竹书纪年辑证》，此书于1981年出版。后来，方诗铭先生又对某些史料、文字和标点作了修订，上海古籍出版社于2005年出版《古本竹书纪年辑证》（修订本）。

目前我们看到的《竹书纪年》分为两个系统，即古本与今本。古本实际上是辑佚本，辑历代古注、类书中所征引的《竹书纪年》文字而成。包括《汲冢纪年存真》《古本竹书纪年辑校》《古本竹书纪年辑校订补》《古本竹书纪年辑证》等。就目前最为完善的方诗铭、王修龄所著的《古本竹书纪年辑证》来看，古本记事起于夏禹定都阳城，终于魏襄王二十年（前299），分《夏纪》《殷纪》《周纪》《晋纪》《魏纪》五篇。因是从不同文献中辑出，并没有规整的记事体例。自夏禹至平王东迁以前共计1200多年的时间里，《古本竹书纪年》中无疑义的记录只有119条，有的年份只有一至两条，有很多年份没有记录，如《夏纪》第一条是记载禹即位的"禹都阳城"，第二条便是记录禹卒的"禹立四十五年"；又如《殷纪》中自沃丁至阳甲，每位君主只有一条记录，其中还有太戊、祖辛两位没有记载。尽管记载如此简单，《古本竹书纪年》夏殷周三纪的记事还是涉及了征伐、会盟、篡弑、礼乐、朝聘、灾异、城筑、狩猎等方面，并且较多地记载了君主的即位及在位年数。在后面的《晋纪》《魏纪》中，征伐及与之相关的会盟、朝聘仍然是占比例最多的内容。其次是关于灾异的记载，包括陨石、日食、地震、青虹、旱灾、水灾、冰雹、动物或人的异变等。《晋纪》记载了晋文侯至晋烈公共计370多年的81条史事。三家分晋后，魏文侯在位期间的记载只有两条，其余皆是魏武侯、魏惠王、魏襄王三位君主在位期间的史事。

今本指的是明代嘉靖年间范钦所刊刻的天一阁本，即清代通行本《竹书纪年》，此版本内容完整，体例统一。就王国维先生所著《今本竹书纪年疏证》而言，今本记事始于黄帝轩辕氏，终于周隐王二十年（前296），分上、下两卷。自帝尧开始，各王元年有干支纪年，春秋战国时期用周王纪年。就记事的时间跨度和所记内容比例来看，《今本竹书纪年》上卷记事较少，大多数年份只有一条或两条记录，而《今本竹书纪年》下卷的记事则较为丰富，这或是与其追溯的性质相关。时间越久远，相关史料越少，资料的完整度越低；反之则是资料越丰富，记载越详细。《今本竹书纪年》，夏朝之前主要记载黄帝至帝禹部落内的事件；夏启至周幽王时期则主要记载本朝事件；平王东迁以后以记载晋事为主；三家分晋后以记载魏国史事为主。《今本竹书纪年》较为偏重对战争活动的记载，其他事件记载较少。另外，与《古本竹书纪年》相较，今本值得注意的一点是，在平王东迁以前，各王纪年的第一条记载王即位，而在记载平王迁都前有这样一条说明："自东迁以后始纪晋事，王即位皆不书。"平王东迁是周天子式微的转折点，同时也是史家划分历史时期的重要标志性事件，《今本竹书纪年》在此表明是以历史追述的方式记述魏国史。

　　学术研究总是在不断地深入和发展。在现代学者的研究中，既有继续深入探讨古本的新成果，也有重新认识今本的新发现。在前人的基础上，有些学者研究发现，《今本竹书纪年》不仅在北宋时期的文献中有征引，在更早的文献中也可以找到它久已存在的证据，由此断定它绝不是明人范钦的伪作，而是自晋代流传至今的真本，只是在流传过程中可能有散佚，或者经过改造，也有后人所做的注释。对《今本竹书纪年》在体例上与传统文献所载不符的问题，学者们也都一一做出了自己的解释。同时这些学者指出，尽管《古本竹书纪年》是由北宋以前文献的征引文字辑集而成，但实际上也并非完全可信。因为古人引书往往并不严谨，或将注文作正文，或者任意删改，古本中都有例证。这一点，是辑佚文献中比较普遍存在的问题。目前，关于《竹书纪年》今古本的深入研究都在继续。今本并非伪书，古本也有价值，基本上已经成为学术界的共识。其实，古本只是一个不完整的辑佚本，今本是一个经过改造且有散佚的版本，作为魏国史书的《竹书纪年》，二者都有缺憾，但二者又都有价值。通过专家学者们研究的不断深入，逐渐打破今本、古本的界限，结合起来综合研究，肯定能够让这本珍贵的出土文献越来越接近原貌。

在现存先秦文献中，《竹书纪年》和《春秋》最为相似，一是魏国史书，二是鲁国史书。比较二书的同异，可以同时深化对二书的理解。首先，二者都是题纲式的编年体史书，二者在记事体例上都有书岁时月日之例，但《竹书纪年》远不如《春秋》规整。在记事范围上，二者都涉及国家及君主生活的诸多方面，侧重于对祭祀、战争、会盟以及国君的即位和被杀等活动的记载，但《春秋》的记事范围更为宽泛，对历代鲁侯几乎做到了"君举必书"。在记事详略上，二者都有着明显的详内略外原则，《春秋》有"史从赴告"原则，所记载外诸侯之事远多于《竹书纪年》。第二，《春秋》是当代人记当代事而形成的档案汇编，《竹书纪年》则是后人对历史的追述。比如，《竹书纪年》记历代君主，均在第一次出现时即称其谥号，而谥号是在为其举行葬礼时才宣布的。《春秋》则不然，如记齐庄公，在其即位前称公子光，即位后称齐侯，载其死称"齐崔杼弑其君光"，载其葬书作"葬齐庄公"，称谓变化反映着有序人生。再如，《春秋》记鲁史多有避讳，如记鲁君或夫人出奔书作"公（或夫人）孙于某"。《今本竹书纪年》于周幽王时期载"王嬖褒姒"，嬖是贬义词，当代人记当代事是不会使用的。第三，《竹书纪年》和《春秋》用字都极为简练，对许多字的用法也基本相同。如记载战争用字，侵、伐、围、战、入、取、迁、灭、救、次等，用法和含义基本上都没有区别。《竹书纪年》和《春秋》有诸多相同之处，但机遇却有天壤之别。《春秋》遇到了孔子，成为至高无上的经典；《春秋》有了《左传》，简略的题纲具有了丰富的历史内涵；《春秋》有了《公羊传》和《穀梁传》，"断烂朝报"具有了丰富的政治理论内涵。《竹书纪年》没有这些机遇，落到了断简残编的下场。机遇关乎命运，文献也是如此。

《竹书纪年》虽然残缺却依然珍贵，关键在于它对研究先秦史有重要价值。首先，在先秦文献中，除《春秋》和《左传》为春秋史提供了可靠的纪年外，夏、商、西周时期都缺乏明确而可靠的纪年，战国史虽然有《史记》的《秦本纪》和《六国年表》，但是司马迁的记载也偶尔有误。从这个角度说，《竹书纪年》的记载虽然未必完全可信，但它毕竟是唯一的一份先秦史系统年表。它不仅是后人研究战国纪年最重要的依据，而且对研究西周以前的历史纪年也有重要参考价值。参加夏、商、周断代工程研究的何炳棣、刘雨在《夏商周断代工程思路质疑——〈古本竹书纪年〉史料价值的再认识》一文中说："断代工程没有充分利用《古本竹书纪年》中的记载，是整个研究中最大的败笔。"正式强调其纪年的价值。其次，《竹书纪年》可以纠正或补充其他文献的记载。例如，《竹书纪年》记载："（殷）祖乙胜即位，是为中宗。"《尚书·无逸》也提到商王中宗，《史记·殷本纪》以中宗为太戊。清末出土的甲骨文中有"中宗祖乙"的称谓，证明《竹书纪年》的记载是正确的，而司马迁的说法则不对。再如，关于西周末年的"共和执政"，《史记·周本纪》记作周公、召公联合执政，而《竹书纪年》则记作"共伯和干王位"，即共伯名和者代替周天子执掌政权。郭沫若先生赞同《竹书纪年》的记载："共和是共伯名和，这由《古本竹书纪年》《庄子》《吕氏春秋》等书表示得很明白，但被《史记》误为周、召二公共和而治。近时的新史学家也还有根据《史记》为说的，我要请这样的朋友读读朱右曾、王国维的关于《竹书纪年》的研究。"①现在虽然很难断定哪一种记载是真实历史，但至少后者为这一问题提供了一种也能令人接受的新说法。又如，夏启和益的关系问题。按照儒家的传统说法，禹死后，传位于益，但人们不拥戴益而拥戴禹之子启，由此确立了王位世袭制。《竹书纪年》将此事记作"益干启位，启杀之"。这一记载与《韩非子》的说法相同，却与儒家的传统观念相违背。但从历史发展的角度看，《竹书纪年》的记载可能更真实。尧、舜、禹时代的禅让制，实际上是部族国家实行军事民主制的产物。由军事民主制发展为王位世袭制，一定会经历一番传统与现实的残酷斗争。启杀死益，继承父王之位，应该正是这种斗争的具体表现。夏代王位的不稳定，也应该视为这种斗争的继续。至于儒家的说法，实际上是为证明王位世袭制的合理性而编造的一个美丽的谎言。同样，太甲杀伊尹、文丁杀季历等事件也是如此。郭沫若先生认为，"据古本《竹书纪年》，言'文丁杀季历'，大约是实在的事"②。最后，《竹书纪年》有很多不见于其他文献的记载。例如，《竹书纪年》有不少关于神农的新材料，如"安登生神农，三日而能言，七日而齿具，三岁而知稼穑"，是有关神农的古老传说。1981 年，李善邦先生在《中国地震》里提出中国历史上最早关于地震的记载是夏帝发七年（前 1831）"泰山震"，此记载只见于《竹书纪年》。我们相信，随着研究的不断深入，《竹书纪年》必然会引起越来越多的重视，它的史料价值也必将被更多地认识和发现。

---

① 郭沫若：《十批判书》，东方出版社，1996 年，第 11、47 页。

② 同上。

《营造法式》史话

傅熹年

一、《营造法式》的内容、意义

《营造法式》是我国现存最早的官方编定的建筑技术专书，全面反映了宋代的建筑设计、结构、构造、施工和工料定额等多方面的特点和水平，是最重要的古代建筑典籍之一。

北宋中后期实行变法，为控制政府工程建设的大量开支，使国家的建设工程规范化，并防止贪污浪费，需要制定官方的建筑规范和用工、用料定额。在宋神宗熙宁时（1068—1077）曾命将作监编修《营造法式》，至宋哲宗元祐六年（1091）编成。但因所编"只是料状，别无变造用材制度，其间工料太宽，关防无术"，无法满足通过规范做法和工料定额控制政府工程经费和进行验收的需要，很不适用，遂在哲宗绍圣四年（1097）又命将作少监李诫重新编修。重编的《营造法式》于北宋哲宗元符三年（1100）完成，经审核后，在宋徽宗崇宁二年（1103）批准，并刻成小字本颁行全国。李诫在《总诸作看详》中说，全书总释、总例二卷，制度十五卷（标准建筑形式及结构构造做法），功限十卷（用功定额），料例并工作等第（用材料定额及等第）三卷，图样（建筑及装饰图样）六卷，总三十六卷，三百五十七篇，三千五百五十五条（但现存制度为十三卷，全书为三十四卷）。其中有三百零八篇、三千二百七十二条是与各工种有经验的工匠逐项研讨后订立的，并订有按比例增减之法，此即"变造用材制度"，可以计算不同尺度的建筑及构件所用的工料，以解决旧本的"工料太宽，关防无术"问题。它是针对旧本的缺点加以改进编成的，主要用为工程验收的技术标准和控制工料定额，是全面反映北宋末年官式建筑设计、结构、构造、施工特点和工料定额的建筑技术专著。

二、刊刻经过

在李诫编定《营造法式》并经批准后，宋代至少刊行过三次。据书前《札子》所载，在北宋崇宁二年（1103）已批准刻成小字本颁行全国，是为此书的第一次印行，世称"崇宁本"。崇宁本久已不传，只北宋时期晁载之《续谈助》卷五《营造法式》条中曾摘录《营造法式》原文约八千字，该条摘录时间为崇宁五年（1106），上距崇宁本《营造法式》刊行仅三年，可证是据刚刊行的崇宁本摘录的，是现存反映崇宁本特点的唯一史料。关于《营造法式》的卷数，在现存各本《营造法式》的"看详"中都说，该书"总三十六卷"，但按目录排序，各本都只有三十四卷，故现存诸本是否缺失二卷，是一个需要探讨的问题。现存晁载之在崇宁五年所著《续谈助》中有对《营造法式》的卷次、卷数的最早记载，其中所记卷九为佛道帐，卷十为牙脚帐，卷次和内容与现存各本制度部分相同。又记载"自卷十六至二十五并土木等功限，自卷二十六至二十八并诸作用钉、胶等料用例。自卷二十九至三十四并制度图样"，所记内容和卷次也都与现存各本相同。可以推知在其卷一至十五中，卷一至二为总释，卷三至十五为制度，即制度只能有十三卷。晁氏所据是崇宁二年成书后的第一次刻本，当属可信史料。可知今本《看详》所记制度"十五卷"之"五"应为"三"字之误。这证明《营造法式》全书实为三十四卷，现存的《营造法式》是全本，卷数没有缺失。这是晁载之《续谈助》卷五摘录《营造法式》的最重要学术价值之一。

在南宋建立后，可能曾经先后两次重刻《营造法式》。第一次是绍兴十五年（1145）在平江府（今苏州市）重刻，此事见于现存各本后的平江府重刊题记，世称"绍兴本"。第二次重刻之事史籍不载，是据 20 世纪在清内阁大库残档中发现的宋刻本《营造法式》残卷、残叶上的刻工名字推定的。宋代刻书大都在版心下方刻有刻工的名字，既表明责任，也用以计工费。残宋本中发现的刻工名有金荣、贾裕、蒋宗、蒋荣祖、马良臣五人。这五人之名又大都见于南宋绍定间（1228—1233）平江府所刻《吴郡志》《碛沙藏》等书中，上距绍兴十五年第一次重刻已有八十几年，同一刻工不可能工作这样长的时间，因知这些残卷、残叶是南宋绍定间平江府的第二次重刻之本，应称"绍定本"。此外，《四库全书》本《营造法式》是据明范氏天一阁藏本录入的，在其卷三十二天宫楼阁佛道帐图上有刻工题名"行在吕信刊"，在天宫壁藏图上有刻工题名"武林杨润刊"，这二人虽都自称是杭州刻工，但杨润也曾刻过绍定本《吴郡志》，并与金荣、吕信同刻过《资治通鉴纲目》，则杨润、吕信也应是绍定本《营造法式》的刻工。据此也可以推测《四库全书》所据的天一阁藏钞本《营造法式》也出于"绍定本"。

"崇宁本"和"绍兴本"现均不传，"绍定本"是目前仅存的《营造法式》宋刻本，只存三卷半，共四十一叶（其中包括明代补刻者八叶），为国家图书馆藏书，近年中华书局已影印收入《古逸丛书三编》中。

元、明时期没有重刻过《营造法式》的记载。据《南雍志》卷十八《经籍杂考》下篇"梓刻本末"记载："营造法式三十卷。存残板六十面。"此卷专纪明南京国子监在明嘉靖间所存宋元以来旧书板的情况，可知宋代《营造法式》的残版于明代中期的南京国子监中尚存有六十面。现存杂有明代补刻版的绍定本《营造法式》可能即是用此版刷印的。

此外，《营造法式》宋刻本在明代流传很少，除《文渊阁书目》记载明代内阁曾藏有二部，每部六册外，只明末著名藏书家毛晋汲古阁、钱谦益绛云楼曾各藏一刻本，钱本在1650年烧毁，毛本入清后下落不明，当也不存。

入清后，只有叶德辉《观古堂书目》曾记载道光间杨墨林所刊《连筠簃丛书》中刊有《营造法式》，其侄叶定侯坚称曾亲见此本，但至今尚未发现收藏此本的记载和实物，只能存疑。

三、历代传钞经过

明代钞本：

最重要的是明初所编《永乐大典》中全文收录的《营造法式》。但它历劫至今，只残存其卷三十四彩画图样一卷，为《永乐大典》第18244卷。据《四库全书总目》记载，《四库全书》所收《营造法式》虽是据明天一阁藏钞本录入，但其第三十一卷天一阁本原缺，用《永乐大典》本补入。查《四库全书》本《营造法式》中用《永乐大典》本补入的卷三十一，在其所绘图三的下部有刻工马良臣的姓名，可证《永乐大典》中收录的《营造法式》也源于南宋绍定刊本。

明末无锡赵琦美钞藏本《营造法式》。据钱谦益《有学集》记载，赵琦美藏钞本是他借明代内阁所藏刊本钞写并请良工描绘图样完成全帙的，收集钞写历时二十年，源出明内阁藏宋刊本，在当时传为爱书的佳话。此本在明末为钱谦益绛云楼所藏，入清后转归钱曾述古堂收藏，先后著录于钱谦益《牧斋有学集》和钱曾《读书敏求记》中，世称"述古堂"本。

清代钞本：

清代最重要的钞本之一为四库全书本。据《四库全书总目》，是据天一阁藏本录入的，原缺卷三十一，据《永乐大典》本补入。查《四库全书》本《营造法式》图，其卷三十一"殿堂等八铺作双槽草架侧样第十一"所绘图之台基中部有"马良臣"三字，卷三十二佛道帐图有"行在吕信刊"，天宫壁藏图有"武林杨润刊"，均为南宋绍定刻工名。可知《四库全书》本也间接出于南宋绍定本。

入清后，述古堂藏本《营造法式》即不见记载，当已不存，但它有传钞本流传，世称"传钞述古堂本"，到清代中叶已成为稀见之善本。

现存最重要的"传钞述古堂本"《营造法式》今藏故宫博物院，卷前钤有"虞山钱曾遵王藏书"朱文长方形印。但进一步把卷首所钤"虞山钱曾遵王藏书"印与故宫博物院运台文物中的宋刊《宣和奉使高丽图经续记》和上海图书馆藏明钞本《省心杂言》二书上所钤的此印相比较，可发现二书之印相同，为真印，而此本所钤者虽乍视与二印极相似，经仔细审视，仍有微小差异，应是精心翻刻者而非原印。其纸张、字体也与明末的风格、特点不符。经刘敦桢、谢国桢先生鉴定为述古堂藏本之清前期可靠传录本。在其卷三十第九叶"亭榭斗尖用筒瓦举折"图的中缝下方有"金荣"二字，为宋绍定时刻工名，可知述古堂本也源出于南宋绍定间平江府刊本。

清嘉庆二十五年庚辰（1820），张金吾从著名书肆陶氏五柳居收到一部传钞述古堂本《营造法式》。此本清后期即不见记载，当已毁于太平天国之役。

道光元年（1821）张蓉镜据张金吾所得传钞述古堂本《营造法式》工楷精钞一本，当时号称善本。它虽把行款改为半叶十行，但从其卷六第二叶缺文为二十二行可知，它仍是源出于十一行本。此本在清后期归常熟翁同和所有，今藏上海图书馆。

清末著名藏书家丁丙八千卷楼、郁松年宜稼堂又各藏一本《营造法式》，行款及跋文均同张蓉镜本，可知即据张蓉镜本影钞。丁本现藏南京图书馆，郁本转归陆心源，现藏于日本静嘉堂文库。

另外近代大藏书家常熟瞿氏铁琴铜剑楼和乌程蒋氏密韵楼也各藏有清前中期钞本。瞿本为汪士钟旧藏，大部为十行本，原本不全，卷帙缺失部分据陶本钞补，今藏国家图书馆；蒋本已至中国台湾。

综合上述，在现存清钞本《营造法式》中可分两个系统。其一即故宫藏传钞述古堂本，其行款为半叶十一行，每行二十二字，分叶与现存宋刊残本全同，只个别行首尾处分字微有不同，可能是钞手不谨所致，可知是源出宋绍定刊本。

其二即张蓉镜本及源出张蓉镜本的南京图书馆所藏丁本及日本静嘉堂所藏郁本。此本虽改行款为十行二十二字，但据其缺文，实仍源于十一行本。

以上是明清时期传钞本的情况。

四、现代刊传研究情况

1919 年朱启钤先生在南京图书馆看到丁丙钞本《营造法式》，惊为重要发现，遂用石印制版印行，是现代第一个印行本，世称"丁本"。

但朱启钤先生认为丁本并不完善，遂同时又委托陶湘用诸本汇校丁本后刊板。陶氏自称用文渊、文溯、文津三阁的四库全书本和乌程蒋氏密韵楼藏旧钞本合校，（按：四库本卷四有幔栱条，而陶本脱失，故陶本是否曾用四库本校过应存疑）依内阁大库残档中新发现的宋绍定间平江府重刊本残叶（当时误认为是崇宁本，应予纠正）的行格定版式，于1919年起刻版。1925年毕工后，冠以朱启钤撰《重刊营造法式后序》刷印行世，这是现代唯一的木刻本。刊书的发起者是朱启钤，但因主持校刻的是陶湘，故世称"陶氏仿宋刊本"或"陶本"。但陶本在扉页后的刻书牌记中说"依据影钞绍兴本按崇宁本格式校刻"则是不正确的，实际是依据丁丙传钞张蓉镜本按宋绍定本格式校刻的。此书的木版后售与商务印书馆，馆方大量刷印行世，1933年又缩印收入《万有文库》中，中华人民共和国成立后又在1954年重印，故流传最广。陶本误字较丁本少，大字清朗，图样细致精美，代表了近代木刻板书籍和版画的高度水平，是近代学界广泛使用、最有影响的一个本子。

二十世纪二三十年代丁本、陶本相继刊行后，为研究《营造法式》提供了极好的条件。除刘敦桢先生批注、校勘纠正了若干脱误并撰写题跋外，梁思成先生和陈明达先生都竭数十年之力进行了深入研究。梁先生撰成《营造法式注释》、陈明达先生撰成《营造法式大木作制度研究》《营造法式辞解》等巨著，还有很多学者也从不同角度撰写了研究专著和论文，成果丰富。

近年故宫博物院把珍藏的传钞述古堂本《营造法式》影印行世，又为进一步研究《营造法式》提供了新的资料。

但数十年来经学者研究，大量印行的陶本既有其优点，也尚有些不足之处，并在其论述中指出。

其优点是补了丁本中的一些缺失。较明显处是丁本卷三第十一叶缺"水槽子"正文二行，"马台"标题一行；卷六缺第二叶全叶，共二十二行；卷二十八第五叶缺八行；陶本均据《四库全书》本补全。

但陶本也有一些文字缺失，最重要处是卷四第三叶沿丁本之误，缺"五曰幔栱"一条，共三行四十六字，这是此本最明显的缺憾。另在卷三石作制度中，于城门心将军石之后脱止扉石一条，凡一行二十字。

在刘敦桢先生据"故宫本"发现幔栱条后，朱启钤先生非常重视，即与陶湘商酌，按原式重刻了第四卷的第三至十一叶，补入"幔栱"一条，用来替换旧版。刻成后用红色刷印，分送给收藏陶湘最初印本者，以弥此憾。但因书版前已售去，故商务印书馆印行的各本均未能补入此条，所以这个补刻部分只在较小的范围内流传，甚至未能引起学界的注意。

此外，在陶本中也还有一些沿续丁本之误处。刘敦桢先生用"故宫本"校勘陶本时，发现在图样上也有一些错误，最明显处是卷三十一大木作图样部分中四幅图有误。其一是图五标题"殿堂五铺作单槽草架侧样"的图上多画了一根内柱；其二是图十三标题"八架椽屋乳栿对六椽栿用二柱"的"二柱"为"三柱"之误，图上也少画了一根内柱；其三是图十九标题"六架椽屋乳栿对四椽栿用四柱"的"四柱"为"三柱"之误，图上又多画了一根内柱；其四是图二十标题"六架椽屋前后乳栿札牵用四柱"图中的左侧内柱应向外移一步架。这些都是很关键的错误。

现存陶本《营造法式》的这些脱误终是憾事，为此，中国建筑设计研究院建筑历史研究所设法加以补正，于2013年出版了陶本《营造法式》的增补本，由荣宝斋出版。此本收集到朱启钤补刻的第四卷的第三至十一叶，来替换旧版，又把卷三十一大木作图样部分中四幅有误的图纸即在原版上加以改正，弥补了陶本的缺憾。此外，在《营造法式》图样中有些占整版的图如大木作殿堂草架侧样图和小木作天宫楼阁佛道帐图等，受折叶限制，打开书后只能看到上半幅或下半幅，看不到全幅。这是因为宋代装订书采用对开的"蝴蝶装"，开卷都能看到完整的版面，但现在的线装古书的装订都是折叶装，故看不到一个完整的版面，不便阅读研究，也是憾事。为此，在这个增补本中，把卷三十一大木作和卷三十二小木作中的几幅占整版的图样和卷首的"序"与"札子"两篇另行制版，按宋代"蝴蝶装"的形式装订为一小册，附于全书之后，这样既便于使读者看到这些完整的图形，又可以了解到在宋时《营造法式》装订后的原貌。

这是关于《营造法式》的意义、流传经过和诸本得失的概况。

《乐善堂帖》史话

吴元真

国家图书馆馆藏丛帖中的珍稀拓本《乐善堂帖》，是明朝人张寰将元代顾善夫摹勒赵孟頫书《乐善堂帖》与宋代廖莹中摹勒陈简斋、任斯庵、姜白石、卢柳南四人书《名贤法帖》，合二刻残石拓本同装的一部丛帖。明时为张寰旧藏。张寰，字允清，又字石川，江苏昆山人。嘉靖辛丑二十年（1541）进士①，官至通政司右参议。善书法，喜藏名帖，临摹法书挥翰竟日不倦。至清初，帖本收藏在张敦仁家。张敦仁，字古余，又字仲篙，阳城人。乾隆戊戌四十三年（1778）进士。喜藏书，"省训堂印"即是其藏书堂号印。清末，帖本易主吴永。吴永，字槃公，号渔川，别号观复道人，浙江吴兴人。喜藏帖，善书法，学董其昌近三十年，几可乱真。民国二十五年（1936）吴永病故，次年张伯英得此帖于厂肆。张伯英，字勺圃，又字少溥，别号云龙山民，又号榆庄老农，晚号东涯老人，江苏铜山人。工书法，以善鉴碑帖著称，此帖后入藏北京图书馆（今国家图书馆）。

帖本在吴永、张伯英家收藏时重装，上下两册一函，五镶册页装，凡

---

① 张寰"嘉靖辛丑二十年（1541）进士"，此说依《震川集》，见《中国美术家人名辞典》。《明清进士题名录》记张寰为"正德辛巳十六年（1521）进士"。

50 开，每开帖心高 30 厘米，宽 23 厘米，黄竹纸，浓墨拓。瓷青纸贴面，四合蓝布套。套签张伯英题"乐善堂帖"，下书"明张石川藏今在小来禽馆丁丑春分铜山张伯英"小字双行，并钤"张勺圃"白文印一方。帖本上下册外签吴永题"松雪翁乐善堂帖"，落款"壬戌嘉平观复斋重装"，并钤"观复"朱文小圆印及"吴永之印"白文小方印。上下册内签为张寰题"松雪翁乐善堂帖"，上册内签有张伯英旁题"二签石川翁手迹可宝也伯英"小字一行。

一、关于《乐善堂帖》

《乐善堂帖》足本卷数不详，每卷前有楷书"乐善堂帖第几"卷题。然此帖经吴永、张伯英重装后仅见第二、三、四卷题，余者不见，是原帖石卷题已佚，还是重装时割弃，不得而知。上册卷首为赵孟𫖯绘《兰竹图》一本，上款赵氏题"顾善夫以公事至都将南还用此纸求画乃为作此图子昂"，并镌"赵子昂印"。后依次为赵孟𫖯书《兰亭序》，"乐善堂帖第二"《归去来序》《乐志论》，"乐善堂帖第三"《送李愿归盘谷序》，"乐善堂帖第四"《行书千文》，楷书大字《淮云通上人化缘序》，楷书小字《淮云诗》，楷书大字"西铭""子之异也"至"参乎勇于从"止，楷书大字《淮云诗》。下册卷首绘《老子像》。后依次为楷书小字《太上老君说常清静经》《般若波罗蜜多心经》《与顾善夫手札四通》，共十二帖。

此帖书者赵孟𫖯，祖籍河南开封，是宋太祖赵匡胤四子秦王赵德芳之后。宋理宗宝祐二年甲寅（1254）生于浙江吴兴。赵孟𫖯，字子昂，号松雪道人，又号水精宫道人，累官至翰林学士承旨、荣禄大夫。至壬戌二年（1322）六月十六日赵孟𫖯病故于吴兴，享年六十九岁。卒后追封魏国公，谥号文敏。

　　此帖摹勒者顾信，字善夫，江苏昆山人。生于沙州崇明元至元己卯十六年（1279）正月。"幼读儒书，长习吏事"①，元大德初为"杭州军器同提举"②，喜书法。"早年好字学游，文敏公赵学士之门侍笔砚间几二十年，所得昂翁书翰持归刻石置于亭下，匾曰'墨妙'，四方士夫广求碑文以传不朽"③。在顾信摹勒《赵松雪盘古序》大字体中，松雪题云："善夫从吾游甚久，于事颇信实，而又好学书，时时求吾书持归刻石，故吾亦乐为之书。"④明李日华在《六研斋二笔》中亦云："信以能书称，从赵文敏公游得其书必镌于石。作亭匾曰：'墨妙'，晚年号'乐善处士'。"⑤所以顾信摹勒这部丛帖名为《乐善堂帖》。该帖下册《太上老君说常清静经》后有"弟子乐善处士顾信摹勒上石四明茅绍之镌"楷书一行题款。在《与顾善夫提举书手札四通》后有楷书题"善夫顾信摹勒上石姑苏吴世昌镌延祐戊午十一月也"两行小字。两处题款不仅告诉我们刻石者的姓名，也表明此帖刻石时间是在元仁宗延祐五年戊午（1318）十一月。此时赵孟頫六十五岁，已是步入晚年的耆年老人。顾信此时四十岁，正是壮年。顾信"晚年多疾，深居简出，闭户读书，目虽少明，不倦观览"⑥，病故于元至正十三年癸巳（1353）九月，享年七十五岁，随后葬于昆山。

　　国家图书馆所藏这部《乐善堂帖》是明张寰旧藏本，其帖尾有张寰手书跋文一页。跋文曰："松雪书法勒石者多矣，唯顾善夫乐善堂之刻号甲

①　罗振玉《吴中冢墓遗文》。
②　同上。
③　同上。
④　张伯英：《张伯英碑帖论稿》，河北教育出版社，2006年。
⑤　（明）李日华《六研斋二笔》卷二。
⑥　罗振玉《吴中冢墓遗文》。

乙品。云吾姻友陶氏凿池淞南别墅深数尺，讶得之，不啻隋珠赵璧。先是闻之邻翁夜现光怪，信有灵物，诃护之者，其神乎！小斋日临一过，信可宝也。寰识。"读张寰识文可知顾善夫摹刻的《乐善堂帖》不知何时何故被埋于地下，明代正德嘉靖年间陶浚河在淞南别墅凿池中得残石出土。至于"邻翁夜现光怪，信有灵物"之说，纯属无稽之谈。古人常有名人书石埋于地下放光之说，皆托词以重其帖，事则莫须有，不可信乎！

　　出土后的明拓《乐善堂帖》在吴中盛行，被书家视为赵帖佳本。关于此帖，明王世贞在《古今法书苑》中有记载，称其名"赵子昂帖"，并曰："吾乡人陶氏治地得藏石，凡法帖十卷，后二卷为姜尧章、卢柳南，余皆赵吴兴孟頫书。……此帖为顾善夫所刻，内千文、归去来辞、西铭各阙数行。"① 明屠隆撰《辨帖笺》一书也有《乐善堂集赵诸帖》存目 ②，明朱晨撰胡文焕集《古今碑帖考》一书也有《顾善夫杂帖》目录 ③，明董其昌在《蕲葭堂法帖》自跋中云："昔胜国时，昆山顾善夫与赵吴兴同世，即以吴兴尺牍勒石，名《乐善堂帖》。"④ 众多帖书的著录说明了此帖在明末书家眼中的地位非一般赵帖可比肩。

　　二、关于所附《名贤法帖》

　　张寰旧藏本《乐善堂帖》后附《名贤法帖》八、九、十之三残卷。《名贤法帖》足本卷数不详，每卷前有楷书题"名贤法帖第几"及书者姓名卷题。《名贤法帖》第八卷姜白石一，是宋姜夔楷书小字《白石道人契丹歌二首》、大字楷书《疏影》慢词（有缺文）、行楷《齐天乐》慢词（有缺文）。《名

---

　　① 　（明）王世贞《古今法书苑》卷七十六。
　　② 　（明）屠隆《辨帖笺》，见《锦囊小史》第三册。
　　③ 　（明）朱晨、胡文焕《古今碑帖考》。
　　④ 　张伯英：《张伯英碑帖论稿》，河北教育出版社，2006 年。

贤法帖》第九卷姜白石二，是姜夔书小楷《兰亭序考》、大字楷书《赠苗员外诗》。《名贤法帖》第十为卢柳南书《晦岩三诗稿》。

关于此帖，张伯英在《法帖提要》中说："《名贤法帖》十卷，明拓本。刻者不详何人。存八、九、十之三卷，皆姜白石、卢柳南二家之书，宋元间刻本也。"①读宋周密著《癸辛杂识》后集"贾廖碑帖"条目下记："于是其客廖群玉以淳化阁帖、绛州潘氏帖二十卷，并以真本书丹入石，皆逼真。……又以所藏陈简斋、姜白石、任斯庵、卢柳南四家书为小帖，所谓'世彩堂小帖'者。世彩，廖氏堂名也。其石今不知存亡矣。"②这里所说的"世彩堂小帖者"，笔者认为当是此帖的俗名或别称，正题名应是《名贤法帖》。此帖刻于南宋咸淳年间（1265—1274），摹刻者廖莹中也。

《名贤法帖》廖莹中汇宋四人书。陈简斋（1090—1138），名与义，北宋末至南宋初人，字去非，号简斋，河南洛阳人。南宋绍兴年间官至翰林学士、知制诰，参知政事。陈与义是《法帖释文刊误》一书的作者，卒年四十九岁。一生尤长于诗，《宋史》有传，其书收入《群玉堂帖》卷九《宋名贤帖》内。任斯庵，名希夷，字伯起。南宋绍兴二十六年（1156）生，卒年不详，约在嘉定末年，享年六十余岁。其祖籍四川眉山，徙居邵武（今属福建）。宋淳熙三年（1176）进士，累官进端明殿学士、签书枢密院事兼权参知政事。卒后谥号宣献。有《斯庵集》，已佚。《宋史》有传。姜白石，名夔，字尧章，自号白石道人，饶州鄱阳（今江西鄱阳）人。生于宋孝宗赵眘隆兴元年（1163），卒于宁宗赵扩嘉泰三年（1203）③，

① 张伯英：《张伯英碑帖论稿》，河北教育出版社，2006 年。
② （宋）周密：《癸辛杂识》，中华书局，2004 年。
③ 姜夔生卒年有多种记述，本文依《历代人物年里碑传综表》。

享年四十岁。姜氏一生好学，无所不通，精乐律，工词曲，喜书法。他是
《绛帖平》《续书谱》的作者，有《白石道人诗集》等著作传世。卢柳南，
名方春，永嘉（今浙江温州）人。生卒年不详，活动于南宋末年，嘉熙戊
戌二年（1238）进士。清人厉鹗辑撰《宋诗纪事》卷六十五有载其事略及
诗二首。张寰旧藏本明拓元《乐善堂帖》后所附《名贤法帖》仅存姜白石、
卢柳南二人书残卷。

　　《名贤法帖》摹勒者廖莹中，字群玉，是南宋末奸臣贾似道的幕官门
下客。善属文，工书。生年不详。贾似道败罪后，于宋恭宗赵㬎德祐元年
乙亥（1275）七月的一天晚上服冰脑而死。

三、明拓元《乐善堂帖》的文献价值

　　明拓元《乐善堂帖》及所附宋《名贤法帖》合二刻残石拓本的版本价
值在于此帖摹勒时间早而帖本又稀见于世。丛帖始于南唐，盛于宋，继于
明清，元代刻帖甚少。元刻《乐善堂帖》未见初拓足本传世，明拓张寰旧
藏本虽是明代出土之后的残石拓本，不能反映初拓足本的全貌，然此本留
传至今已有近五百年左右的历史，经名家收藏，传承有序，足可称珍。著
名碑帖专家张彦生所著《善本碑帖录》中所列宋元丛帖三十种，然元代刻
帖仅此一种，故张先生认为元刻丛帖存世甚少。现代学者容庚著《丛帖目》
一书收录丛帖最为宏富，列入目中历代丛帖凡 310 余件，未见此帖。容庚
对丛帖研究颇有用心，凡几十年勤于笔耕，尽心搜集，不知此帖尚存，可
见此帖之稀有。林志钧也是近代精研八法、致力帖学的大家，所著《帖考》
收录丛帖近三百种，也未见该帖名目，可见此帖存世鲜为人知。

　　顾信摹勒《乐善堂帖》上石于赵孟頫暮年，是今日所见集刻赵氏个人
丛帖中最早的版本，孤本存世的版本价值为其他赵体书帖所不及。

　　该帖所附《名贤法帖》残卷是宋刻明拓，仅存姜白石、卢柳南两家之书。张伯英尤重姜白石之书，对摹勒者也大加称道。认为"摹勒之技，后不如前。以章简甫之精能，与宋比较，则相去不可道里计，顾刻所以可贵也"①。宋刻帖石拓本存世者稀如星凤，此虽残石明拓，也是凤毛麟角。廖莹中摹刻法帖也仅此可见一斑。因此张寀旧藏元《乐善堂帖》及所附宋《名贤法帖》残石拓本有极高的版本价值。

　　明拓元《乐善堂帖》及所附宋《名贤法帖》合二刻残石拓本的艺术价值在于帖本书、摹、镌、拓俱佳。《乐善堂帖》书者赵孟頫是元代集书、画、篆刻及诗文于一身的书画文学之大家，其书法成就被誉为"上下五百年，纵横一万里，举无此书"。他的楷书成就非凡，与唐欧阳询、颜真卿、柳公权合称楷书四体，垂青书史，为后世临帖之楷模。赵孟頫所书行楷《兰亭序》《归去来辞》《千字文》《送李愿归盘谷序》《般若波罗蜜多心经》等名篇佳作多为研摹赵体书法者所熟知，也多有摹本翻刻，然所见均不及此本摹勒之精，实显出赵体秀丽遒劲之风采。此帖收入赵孟頫书大字楷书的稀见之本《淮云通上人化缘序》是赵孟頫至大三年（1310）所书，是赵氏中晚期刚健雄秀灵动书风最有韵味的代表作，摹刻的十分传神，称之精品当之无愧。大字正楷《淮云诗》也是少见的赵氏书作，与所书"西铭"同一风格，少秀媚之气，多严紧之风，可以看出笔端之下流露有姜白石的书风气息。研究赵文敏书法者认为其所书小字更胜所书大字。元代大书家鲜于枢曾评说："子昂篆、隶、正、行、颠草俱为当代第一，小楷又为子昂诸书第一。"《乐善堂帖》收有赵氏书小楷《太上老君说常清静经》凡

　　① 张伯英：《张伯英碑帖论稿》，河北教育出版社，2006年。章简甫，名文，号篯谷，字简甫，后以字行，长州人，工镌刻。章氏曾镌刻《停云馆帖》《真赏斋帖》等，是明代镌刻法帖名家。

616 字，向人们充分展示了赵孟頫小楷笔笔不苟，字字秀劲的神采。赵孟頫与顾善夫的行楷书札是赵帖中无意之书的佳迹，更能彰显出赵孟頫行书的秀雅娴熟之功底。

　　该帖上卷卷首有赵孟頫书上款为顾善夫作《兰竹图》一本，寓意情深，为王世贞所赏识。称赞此图"清绝楚楚与摩诘蕉兰同韵"①。下卷《太上老君说常清静经》前有赵孟頫绘白描线刻老子像，所绘老子乘驾祥云，宽袍大袖，盘腿端坐在方杌之上，十分精细。张伯英旁批："陶松君太亲翁所书道德经字径约三分，前绘老子像极精雅，即是仿临此本。"②赵孟頫书画全才，无愧为元代第一书画大家。《乐善堂帖》既有赵氏所书又有赵氏所画，书画同辉，是存世赵字丛帖中艺术价值最高的稀见珍本。

　　此帖所附《名贤法帖》中的姜白石、卢柳南二人书也是宋人书帖中之珍稀拓本。关于姜白石书的小楷《兰亭序考》，张伯英跋曰："白石遗迹此刻外不多见。《二王帖选》亦有《兰亭》跋十四行，体势平近疑非真也。"③《二王帖选》中张伯英所说的"兰亭跋十四行"即该帖卷上王羲之《兰亭序》后的"白石道人姜夔尧章识"文。其文与此本《兰亭序考》文字内容不同，书后落款的时间也不同。此本书在"嘉泰二年浴佛后一日""后三日书"。《二王帖选》中姜氏识文落款是"嘉泰壬戌十有二月"④。两段文字书写内容不同，落款时间不同，一真一伪。张伯英赞此本"《兰亭考》妍秀无俗韵"，"白石墨妙赖此以传"⑤。至于卢柳南所书小楷《晦岩三诗稿》更是孤本，

---

①　国家图书馆藏《乐善堂帖》张伯英录孙矿《书画题跋》一则。
②　国家图书馆藏《乐善堂帖》张伯英旁批。
③　张伯英：《张伯英碑帖论稿》，河北教育出版社，2006 年。
④　容庚：《丛帖目》，中华书局香港分局，1986 年。
⑤　国家图书馆藏《乐善堂帖》张伯英跋文。

存世寥若晨星。卢方春文学儒吏落笔不凡，书有本原，高韵可观。

顾信集刻《乐善堂帖》是赵孟頫书与顾善夫的墨迹真本上石，汇辑所得赵孟頫书作中的精华之作。而顾信又多年跟随赵氏左右，深得赵孟頫书艺真传，所以能摹勒赵字尽善尽美惟妙惟肖，能够准确无误地反映赵氏书法的艺术魅力。顾善夫得赵字真迹，摹刻赵氏书法，神韵绝佳，镌刻者茅绍之、吴世昌功不可没。刻石者茅绍之、吴世昌是元代镌刻高手，尤以茅绍之更为赵孟頫所敬佩，认为此人"本官族而用心于文墨，所镌具有法度"①。赵孟頫在延祐三年（1316）为崔晋所书小楷《太上玄元道德经》，经吴世昌在延祐五年（1318）镌刻，成为赵氏晚年小楷最经典的赵书小字帖，享誉书坛。此《乐善堂帖》浓墨扑拓，墨色均匀，字口清晰。其拓工当是吴中名家，精心捶拓。

研读此帖可知帖本书者才高，摹者业精，镌刻者也技艺超群，拓者也是行家里手。故凡细读此帖者无不赞其精致，是对书法艺术美的视觉享受，赏心悦目，其乐无穷，具有极高的艺术鉴赏价值。

明拓元《乐善堂帖》及所附宋《名贤法帖》合二刻残石拓本的史料价值在于帖本文字可对其他拓本及史籍中的文字纠谬补缺。

《乐善堂帖》内赵孟頫小楷《太上老君说常清静经》和附《名贤法帖》中姜夔小楷《兰亭序考》，明文征明集刻的《停云馆帖》内也有摹本，然疑未见此帖，选其他临本入石，不仅颇失笔意，而且缺文少字。《停云馆帖》内的赵孟頫书《常清静经》仅存22行，共469字，后半篇自"仙人葛玄曰"至卷终止共缺202字及卷尾落款"集贤直学士朝列大夫吴兴赵孟頫书"。姜夔小楷《兰亭序跋》也只存前半篇，存16行，有296字，遗缺165字。

---

① 国家图书馆藏《乐善堂帖》张伯英跋文。

明拓张寰旧藏本《乐善堂帖》可以使人欣赏两篇佳作的全貌，并可通读全文，明了文意。

再如姜夔的楷书《契丹歌二首》是作者在南宋嘉泰三年癸亥（1203）三月上浣所作，不仅书法写得工整而且诗文也写得美妙动人。姜夔还是南宋有名的诗词歌曲大家，有《白石道人诗集》《白石道人歌曲》等多篇著作存世。然清人王曾祥所钞《白石道人诗集》内此篇文字多有差错①。如诗中"沙平草软天鹅肥"句中"沙平草软"误写成"平沙软草"，"皂旗低昂围渐急"句中"皂旗"误写成"早旗"，"鞴上风生看一举"句中"风生"误写成"风来"，"天鹅飞飞铁为翼"句中"飞飞"误写成"之飞"，"腹中疑怪有新姜"句中"疑怪"误写成"惊怪"，"乃是江南经宿食"句中"乃是"误写成"元是"。这里有的情况是字前后颠倒，有的是与原字有误，然仅一字之差却与原诗意谬之千里。在姜夔著名的词作《疏影》中，拓本中的文字与中华书局出版的《宋词选》胡云翼选注本也略有出入②。词中"想佩环月下归来"句中"月下"，《宋词选》中华书局胡云翼选注本是"月夜"；"飞上蛾绿"句中"飞上"，选注本是"飞近"；"已入小窗横轴"句中"横轴"，选注本是"横幅"。在词《齐天乐》中③，拓本是"庾郎先自吟《愁赋》，凄凄更闻私语。露湿铜铺，苔生石井，都是曾听伊处。寒声未住，叹机杼才收，倚床思妇。……"选注本中"苔生"写成"苔侵"；"寒声未住，叹机杼才收，倚床思妇"句，选注本是"哀音似诉，正思妇无眠，起寻机杼"，这里的词文出入就更大了，词意迥别。拓本是以作者

① 国家图书馆藏清钞本。
② 胡云翼：《宋词选》，中华书局，1962 年。
③ 同上。

墨迹上石，这里表达的应是词作者初意的原始文字。

通过以上举例可以看到明拓《乐善堂帖》及所附《名贤法帖》合二刻残石拓本珍贵的文献史料价值。

明拓元《乐善堂帖》虽仅存残卷，所附宋《名贤法帖》也是断简残编，然其拓本留传至今，仍能使人领略到它极高的版本、艺术、史料价值。帖内张寰所题内签及跋文一页，因难得保存今日，在张伯英眼中视为珍宝。张伯英得此帖后，如获至宝，爱不释手。张氏言道："虽出明代何异宋元古拓，宜为名贤珍赏。三百年间先后属之张氏，斯亦古缘。"① 张氏所作旁批跋文前前后后多至千字有余，可见此帖在张伯英心中的珍藏价值非一般明拓所及。

张寰、吴永和张伯英的手书墨迹不仅为考证此帖的版本、艺术及文献史料价值提供了重要的参考意义，三人的书法艺术也使此帖的珍藏价值有加无已，成为传世丛帖中的稀见善拓珍本。

---

① 国家图书馆藏《乐善堂帖》张伯英跋文。

《中国珍贵典籍史话丛书》已出版书目

序号	书名	著者	定价	出版时间	条码
1	打开西夏文字之门	聂鸿音 著	48.00	2014 年 7 月	ISBN 978-7-5013-5276-0
2	《文苑英华》史话	李致忠 著	52.00	2014 年 9 月	ISBN 978-7-5013-5273-9
3	敦煌遗珍	林世田 杨学勇 刘 波 著	58.00	2014 年 9 月	ISBN 978-7-5013-5274-6
4	康熙朝《皇舆全览图》	白鸿叶 李孝聪 著	45.00	2014 年 9 月	ISBN 978-7-5013-5351-4
5	慷慨悲壮的江湖传奇	张国风 著	52.00	2014 年 10 月	ISBN 978-7-5013-5442-9
6	《太平广记》史话	张国风 著	48.00	2015 年 1 月	ISBN 978-7-5013-5484-9

7	《永乐大典》史话	张忱石　著	48.00	2015 年 1 月	ISBN 978-7-5013-5493-1
8	《玉台新咏》史话	刘跃进　原著 马燕鑫　订补	53.00	2015 年 1 月	ISBN 978-7-5013-5530-3
9	《史记》史话	张大可　著	52.00	2015 年 6 月	ISBN 978-7-5013-5587-7
10	西夏文珍贵典籍史话	史金波　著	55.00	2015 年 9 月	ISBN 978-7-5013-5647-8
11	《金刚经》史话	全根先 林世田　著	38.00	2016 年 6 月	ISBN 978-7-5013-5803-8
12	《太平御览》史话	周生杰　著	45.00	2016 年 10 月	ISBN 978-7-5013-5874-8
13	春秋左传史话	赵伯雄　著	45.00	2016 年 11 月	ISBN 978-7-5013-5880-9
14	《尔雅》史话	王世伟　著	38.00	2016 年 12 月	ISBN 978-7-5013-5938-7
15	《广舆图》史话	成一农　著	48.00	2017 年 1 月	ISBN 978-7-5013-5990-5

16	《齐民要术》史话	缪启愉 缪桂龙 著	45.00	2017 年 4 月	ISBN 978-7-5013-5978-3
17	《淳化阁帖》史话	何碧琪 著	55.00	2017 年 4 月	ISBN 978-7-5013-6055-0
18	《四库全书总目》： 前世与今生	周积明 朱仁天 著	58.00	2017 年 12 月	ISBN 978-7-5013-5926-4
19	《福建舆图》史话	白鸿叶 成二丽 著	40.00	2017 年 12 月	ISBN 978-7-5013-5979-0
20	《孙子兵法》史话	熊剑平 著	50.00	2018 年 1 月	ISBN 978-7-5013-6312-4
21	《诗经》史话	马银琴 胡 霖 著	50.00	2019 年 4 月	ISBN 978-7-5013-6691-0
22	《夷坚志》史话	许逸民 著	24.00	2019 年 4 月	ISBN 978-7-5013-6687-3
23	《唐女郎鱼玄机诗》 史话	张 波 著	62.00	2019 年 4 月	ISBN 978-7-5013-6663-7
24	《吕氏春秋》史话	张双棣 著	40.00	2019 年 5 月	ISBN 978-7-5013-6685-9

25	《周礼》史话	彭　林　著	55.00	2019 年 6 月	ISBN 978-7-5013-6684-2
26	《兰亭序》史话	毛万宝　著	52.00	2019 年 6 月	ISBN 978-7-5013-6666-8
27	《三国志演义》史话	陈翔华　著	55.00	2019 年 6 月	ISBN 978-7-5013-6736-8

国家图书馆出版社简介

国家图书馆出版社 1979 年成立，原名"书目文献出版社"，1996 年更名为"北京图书馆出版社"，2008 年改为现名。

本社是文化和旅游部主管、国家图书馆主办的中央级出版社。2009 年 8 月新闻出版总署首次经营性图书出版单位等级评估定为一级出版社，并授予"全国百佳图书出版单位"称号。2014 年被全国哲学社会科学规划办公室评定为"国家社科基金后期资助项目推荐申报出版机构"。

建社四十年来，形成了两大专业出版特色：一是整理影印各种稀见历史文献；二是编辑出版图书馆学和信息管理科学著译作，出版各种书目索引等中文工具书。此外还编辑出版各种文史著作和传统文化普及读物。